# Inhalt

# Vorwort

Die Veröffentlichung der ersten deutschen Auflage von „Reisen mit dem Frachtschiff“ im Jahre 1994 stellte ein Novum dar. Bis zu diesem Zeitpunkt zirkulierten Informationen über Frachtschiffreisen nur innerhalb eines begrenzten Kreises von Eingeweihten. Inzwischen sind sie allen Interessenten zugänglich. Der Erfolg dieses Buches beweist, daß ein steigender Bedarf an solchen Reisen besteht. Touristen, Seeleute, Künstler, Liebhaber der Meere, Pensionäre oder Aussteiger: Immer mehr Menschen in Europa und Amerika erkundigen sich nach Seereisen.

In Deutschland, Großbritannien und den Vereinigten Staaten wächst der Markt für Frachtschiffreisen ständig. Zahlreiche Agenturen sind darauf spezialisiert; immer mehr Reedereien nehmen Passagiere an Bord auf.

Die jetzige überarbeitete Auflage trägt den Routenänderungen Rechnung und stellt Dutzende von neuen Reisen unterschiedlicher Länge vor, angefangen von den luxuriösesten bis zu den preiswertesten. Der wachsende Bedarf an Frachtschiffreisen ist der Grund für diese Entwicklung. Bleibt zu hoffen, daß sich weitere Reedereien den Wünschen des Publikums öffnen.

Angesichts der zahlreichen ungenutzten Kabinen auf den Frachtschiffen, welche die Meere überqueren, darf man hoffen, daß dieser Form des Tourismus eine glückliche Zukunft beschieden ist.

Und jetzt gute Lektüre und vor allem: gute Reise!

# Die Reise

# Der Königsweg

## Der Mythos Schiffsreise

Reisen auf dem Meer... Ein Traum, so alt wie die Menschheit. Vor noch gar nicht langer Zeit war das Schiff das einzige Transportmittel, mit dem man neue Welten erkunden konnte. Die ersten Seefahrer und Piraten, die sich in die Weite des Ozeans wagten, waren – wie der amerikanische Architekt, Ingenieur, Philosoph und Visionär Richard Buckminster Fuller in seinem *Handbuch für das Raumschiff Erde* schreibt – gleichzeitig auch die ersten Menschen mit einem globalen Bewußtsein:

> „In dem Maße, wie sie ihre Seeabenteuer ausdehnten, wurde ihnen klar, daß das Wasser ein echtes Bindeglied zwischen allen Völkern und Regionen der Welt darstellt. Doch außer ihnen wußte das niemand in ihrer Umgebung."

Heutzutage, unter der allmächtigen Herrschaft des Flugzeugs, scheinen Schiffsreisen aus der Mode gekommen zu sein.

Kann man trotzdem noch die Meere bereisen?

Die Antwort lautet ja, denn inzwischen gibt es Passagen, d.h. Überfahrten, auf Frachtschiffen in alle Welt. Diese Art zu reisen wird sogar immer beliebter, und es fehlt nicht an Schiffen.

Dazu muß man wissen, daß 98 Prozent kommerziellen Frachtguttransports auf dem Seeweg erfolgt. Eine erstaunliche Ziffer, die eigentlich alles besagt. Die Gesamtzahl der Frachtschiffe auf unserem Globus beläuft sich derzeit auf etwa 40 000. Ein Teil von ihnen ist mit Kabinen ausgestattet und kann Passagiere befördern.

Seit Beginn der neunziger Jahre ist eine wahre Renaissance der Frachtschiffreisen festzustellen. Das Wiederaufleben dieser Reiseart kommt allen zugute: den Passagieren ebenso wie den Reedereien und selbst den Offizieren, die größtenteils die Anwesenheit von Reisenden an Bord begrüßen.

## Cargo Blues

Um Reisen auf Frachtschiffen rankt sich ein nostalgischer literarischer Bilderbogen, aus dem einige Gestalten herausragen.

Zunächst natürlich der in Polen geborene Joseph Conrad, einer der größten Schriftsteller des 19. Jahrhunderts. Sein eigentlicher Name war Józef Teodor Konrad Korzeniowski. Nachdem er mit zehn Jahren Waise geworden war, ging Conrad zunächst in Marseille zur französischen Handelsmarine und wechselte später zur englischen. Das Meer war für ihn ein ständiger Anstoß und die Inspiration für seine herrlichen Romane.

Malcom Lowry, der Autor von *Unter dem Vulkan*, hatte ebenfalls das Meer im Blut und las viel von Conrad. Mit 18 Jahren arbeitete er als Brückensteward auf einem

Frachtschiff mit Kurs auf Japan. Diese Fahrt regte ihn zu seinem ersten Werk, *Ultramarine* (1933), an:

> „Er erreichte die Reling, die vibrierte, als werde sie aus dem Deck gerissen. Vierzehn Mann auf der Back. Es war unglaublich, in welch kurzer Zeit sich eine Gemeinschaft gebildet hatte, beinahe eine Welt... Eine Welt innerhalb der Welt, ein Meer innerhalb des Meeres, eine Weite innerhalb der Weite, der letzte Kreis, dem niemand entkommt, der neunte. Der Große Kreis..."

Nicht fehlen darf in diesem Zusammenhang natürlich Blaise Cendrars... Im Winter 1910 schiffte er sich auf der mit Emigranten angefüllten BIRMA in Polen ein und überquerte zum ersten Mal den Atlantik:

> „Die BIRMA war ein winziger Frachter, kein Ozeanriese, sondern ein solider kleiner Kahn, der sich gut auf dem Meer hielt. Doch die Passagiere froren entsetzlich und hungerten auch ein wenig. Das Schiff war vollgestopft mit Armen, mit Armen aus allen Teilen Asiens..."

Cendrars erlebte eine unvergeßliche Überquerung des Atlantiks: Das Schiff verlor mitten in einem Sturm seine Schraube! Im folgenden Jahr kehrte er gemeinsam mit jenen Passagieren an Bord des alten verrosteten Frachters VOLTURNO zurück, denen in Ellis Island die Einreise verweigert worden war. Erneut beschützten ihn die Meeresgötter. Auf der nächsten Überfahrt versank der Frachter mit Mann und Maus.

Von 1924 bis 1936 überquerte Blaise Cendrars jedes Jahr als einziger Passagier an Bord eines Frachters, dessen Kapitän er persönlich kannte, oder auf einem der legendären Ozeandampfer den Atlantik nach Nord- und Südamerika – unter anderem auf der FORMOSE, der LUTETIA, der WISCONSIN und natürlich der NORMANDIE. Zur Zeit werden Recherchen unternommen, um die Dutzende von Schiffen zu ermitteln, auf denen der Autor reiste.

Und schließlich der Kanadier Jack Kerouac, ein Schriftsteller und Vagabund. Eines seiner ersten Bücher trägt den Titel „The Sea is my Brother". Er ahnte die schädlichen Auswirkungen des Flugzeugs voraus: „Das Zeitalter des Düsenflugzeuges bedeutet das Ende des Vagabunden." Der Abenteurer Kerouac arbeitete in den fünfziger Jahren als Hilfskoch auf einem Frachter zwischen den Vereinigten Staaten und Mexiko, wie er in seinem Buch „Lonesome Traveller" berichtet. Nach den Stunden im „Schlamm der Kombüsen" folgten schöne Tage:

> „Herrliche Sonnenaufgänge, herrliche Sonnenuntergänge auf dem Pazifik. Alle arbeiten oder lesen still in ihren Kabinen, kein Tropfen Schnaps mehr an Bord. Ruhige Tage, die ich in der Morgendämmerung mit einer zerteilten Pampelmuse begann, die ich, die Ellbogen auf die Reling gestützt, aß. Unter mir tauchten Tümmler auf, sprangen im hohen Bogen durch die graue, feuchte Luft, manchmal inmitten heftiger Regenfälle, bei denen sich das Meer und das Wasser vermischt. Ich schrieb ein Haiku darüber:
> Vergeblich, vergeblich!
> Der hämmernde Regen
> zwängt sich in das Meer!"

Später, 1957, wählte Kerouac einen jugoslawischen Frachter für seine Fahrt nach Europa und geriet in einen heftigen Sturm, wie man ihn nur in der Adria kennt.

Kurz nach dem Zweiten Weltkrieg reichten die Kombi- und Passagierschiffe gerade noch aus, um der gewaltigen Nachfrage nach Verkehrsverbindungen zwischen den beiden Seiten des Atlantiks gerecht zu werden. Die Kriegswunden waren noch nicht verheilt. Flüchtlinge und Soldaten auf dem Weg nach Hause, Emigranten, die den Alptraum des Kriegs vergessen wollten, Reisende, Abenteurer, Unternehmer und Finanzleute kreuzten das Meer... Alle hatten es eilig, und die Passagierschiffe wurden schneller und schneller, um ihre Kunden nicht zu verlieren. Doch die Passagiere an Deck blickten täglich häufiger nach oben zum Himmel, wo die Flugzeuge entlangzogen.

Das Flugzeug gewann immer mehr an Boden. Die Comics von Hergé (Tintin heißt in der deutschen Ausgabe Tim) bezeugen deutlich den Übergang vom Zeitalter der Schiffahrt zu dem der Luftfahrt.

Bei seinen ersten Abenteuern vor dem Krieg reiste Tim stets an Bord von Passagierschiffen. Später wählte er Frachter (SIRIUS, KARABOUDJIAN etc.). Doch seine letzten Bände befassen sich ausschließlich mit der Eroberung des Weltalls: Tim startet glorreich zum Mond und wird später das Opfer eines Zusammenstoßes im Weltraum.

Im folgenden Band fliegt er auf der Suche nach Tschang, der im Himalaja das Opfer eines Unfalls geworden war, nach Nepal (*Tim in Tibet*). Seine vorletzte Geschichte heißt *Flug 714 nach Sidney*, und das Schlußbild seines letzten Buches *Tim und die Picaros* zeigt ein startendes Flugzeug, als trüge es die Seele des Zeichners zum Himmel.

## Jet-set

Die Ausbreitung der zivilen Luftfahrt läutete das Ende der Passagierschiffahrt ein. Innerhalb von zwei Generationen stieg alle Welt auf das Flugzeug um.

Mit dem Flugzeug kann man in wenigen Stunden beinahe jeden Punkt der Erde erreichen. Aber zu welchem Zweck? Wo liegt die Grenze zwischen dem, was nützlich ist, und dem, worauf man verzichten könnte? Heutzutage kann man für immer weniger Geld immer weiter reisen. Ein kurzes Wochenende auf Bali. Ein Mittagessen in Paris, ein Abendessen in Peking. Die Welt liegt griffbereit. Der Planet als Selbstbedienungsladen. Exotische Länder wie Thailand oder Nepal im Zeitraffer. Zum sofortigen Verbrauch bestimmt.

Das Flugzeug ist ein fabelhaftes Gerät, aber es hat dem Reisen seinen Reiz genommen und macht den Hin- und Rückflug zur Bedingung. Um ein Land betreten zu dürfen, muß man beinahe überall im Besitz einer Rückfahrkarte sein.

Einige behaupten, das goldene Zeitalter der Reisen im Flugzeug neige sich bereits seinem Ende zu. Die Luftfahrt befindet sich momentan in der Krise, und es ist nicht abzusehen, ob man das Flugzeug ewig als eine Art „Straßenbahn der Lüfte“ betrachten darf, um einen

Ausdruck von Paul Morand aufzunehmen. Es ist nicht auszuschließen, daß die Flugtarife in naher Zukunft erheblich steigen werden. Das läßt die Frachtschiffreisen in einem ganz neuen Licht erscheinen. Außerdem zeichnet sich bei zahlreichen Touristen ein gewisser Überdruß gegen das Flugzeug als „brutales seelenloses" Transportmittel ab. Für jene Menschen stellen Frachtschiffe eine angenehme Alternative dar und könnten sie vielleicht mit der Vorstellung von einer Ferienreise versöhnen.

## Was ist die Frachtschiffreise heute?

Die Vorstellung von einer Reise auf einem Frachtschiff ruft häufig das mehr oder weniger romantische Bild von Passagieren hervor, die für ihre Passage das Deck schrubben oder in einer bescheidenen Kabine ohne Bullauge übernachten, die fast nichts kostet. Diese Zeiten sind jedoch, zur Freude der einen und zum Leidwesen der anderen, vorbei.

Die Einrichtungen der heutigen Frachtschiffe sind mit denen moderner Hotels vergleichbar und bieten allen Komfort. Die Kabinen sind größer und häufig luxuriöser ausgestattet als auf Passagierschiffen.

Auf den meisten Schiffen werden Sie in Einzel- oder Doppelkabinen mit Dusche, WC etc. untergebracht. Die Kabinen sind oft sehr geräumig, gut gelegen und mit einem viereckigen Fenster, Couchtisch und Sesseln sowie bei einigen luxuriöseren Linien auch mit Videogerät,

Radio und Kühlschrank ausgestattet. Ein Steward kümmert sich um Ihre persönlichen Bedürfnisse.

An Bord finden Sie darüber hinaus einen Salon, einen Vorführraum für Videofilme, eine Bar und häufig einen kleinen Swimmingpool, manchmal auch eine Sauna, einen Fitneßraum oder eine Bibliothek. Die Mahlzeiten nehmen Sie gemeinsam mit den Offizieren ein und werden bedient wie in einem ausgezeichneten Restaurant.

Der Fahrpreis schließt drei Mahlzeiten ein. Diese bestehen aus dem Frühstück, dem Mittag- und dem Abendessen. Bei gewissen Reedereien ist der Tischwein gratis. (Die CGM bietet sogar Wein aus eigenem Keller an, der von der Reederei abgefüllt wird.)

Manchmal findet man Kabinen unterschiedlicher Kategorien an Bord. Dennoch gibt es auf Frachtschiffen keine erste oder zweite Klasse, was dem sozialen Austausch und dem Zusammenleben zugute kommt. Alle Passagiere sitzen also „im selben Boot“, um so mehr, als sie ständig mit den Offizieren Kontakt halten und das Vorankommen des Schiffes verfolgen können.

Handelt es sich um eines der heute seltenen Kombischiffe (Fracht-Fahrgastschiffe), das 200 Passagiere oder mehr mitnehmen kann, finden Sie die gleichen Einrichtungen wie auf einem Passagierschiff vor: Restaurant, Diskothek, Boutiquen, Sauna, Bibliothek und Krankenstation. Außerdem werden Animation, Feste, Spiele, Turniere etc. angeboten.

Sie reisen also unter luxuriösen Bedingungen. Ein Frachtschiff ist nicht nur ein schwimmendes Hotel und ein privilegiertes Observatorium für Himmel und Meer.

Es bringt Sie darüber hinaus äußerst gemächlich an Ihr Ziel. Daher ist die Frage „Reist man mit einem Frachter billiger als mit dem Flugzeug?“, falsch. Einige Stunden im Flugzeug lassen sich nicht mit zahlreichen Tagen an Bord eines Frachtschiffes bei voller Kost und Logis plus Transport vergleichen. Der Fahrpreis ist nicht genau festgelegt; er schwankt zwischen 30 und 300 Dollar pro Tag. Im Durchschnitt liegt er bei etwa 100 Dollar pro Tag.

Manche Frachtschiffe sind äußerst elegant: holzgetäfelte Wände, „candlelight dinner“ mit den Offizieren, Abendgarderobe und ein ganzer Apparat, der an die gute alte Marine vergangener Zeit erinnert. Ihre „Luxus-Suiten“ enthalten Video, Kühlschrank, eine Minibar und große, eckige Fenster mit direktem Blick aufs Meer. Andere Schiffe sind bescheidener, aber ebenso robust. Sie wirken nüchterner, doch die Atmosphäre ist nicht weniger warmherzig. Sie bieten dasselbe Erlebnis und dieselben Leistungen zu einem geringeren Preis.

Daraus folgt, daß eine Frachtschiffreise selbst bei 100 Dollar pro Tag noch eine sehr preiswerte Angelegenheit bleibt, weil es sich um den Gesamtpreis handelt und Transport, Unterkunft und Verpflegung beinhaltet. Welches Hotel würde zu diesem Preis ein Zimmer mit allem Komfort plus Meeresblick, drei Mahlzeiten täglich und vor allem die Reise anbieten?

Trotzdem sind Frachter in erster Linie Arbeitsschiffe, die dem Gütertransport dienen. Das verlangt große Flexibilität seitens der Passagiere. Die Ankunfts- und Abfahrtszeiten können Veränderungen unterliegen, die bis zu mehreren Tagen oder selbst Wochen reichen.

Dies beschreibt Robert Van de Wiele, der als Passagier auf einem Frachter der Polish Ocean Lines nach Südamerika reiste:

> „Ich bin am 11. Januar in Antwerpen an Bord der Lodz gegangen. Das Schiff war am vorgesehenen Tag eingelaufen, stach aber erst am 14. wieder in See, weil der unablässige Regen das Beladen des Frachters verzögerte: Die Ladung bestand zum großen Teil aus Mehlsäcken für Guayaquil."

Ebenfalls, wenn auch seltener, kommt es vor, daß sich der Zielhafen ändert oder eine weitere Zwischenstation während der Reise eingelegt werden muß. Die Unwägbarkeiten des Fahrplans und der Reiseroute machen einen Teil des Charmes der Frachtschiffreisen aus und verleihen ihnen zusätzliche abenteuerliche Würze.

Allerdings gibt es für einige regelmäßig befahrene Strecken auch festgelegte Fahrpläne, die hauptsächlich vom Wetterbericht abhängen. Je kürzer die Strecke, desto zuverlässiger sind die Zeitangaben. Bei einer Reise um die Welt kann es dagegen zu Schwankungen bis zu 20 Tagen kommen.

## Die Liebhaber von Frachtschiffreisen

Es ist erstaunlich, wie groß der Anteil an Passagieren auf einem Frachter ist, die bereits mehrere solche Reisen absolviert haben. Die Anzahl der Liebhaber von Frachtschiffreisen nimmt ständig zu. Lesen Sie dazu das aufschlußreiche Zeugnis einer Frau, die auf zahlreichen Schiffen gereist ist und Passagierschiffe mit Frachtern vergleicht:

> „Luxusliner sind im Grunde nichts anderes als schwimmende Hotels mit dem entsprechenden gesellschaftlichen Leben. Ich bin sicher, daß sie eine herrliche Einrichtung sind. Aber haben die Passagiere tatsächlich das Gefühl, auf dem Meer zu sein? Bei einem Frachter ist das völlig anders: von einer Gruppe von Delphinen begleitet zu werden, fliegende Fische, die an Deck gelandet sind, einzusammeln, oder gar den Atemstrahl eines Wals zu beobachten... Die Passagiere eines Luxusliners hören in ihren Morgenstunden gewiß nicht wie wir das leise Knacken der Balken oder das Singen der Seeleute, die am frühen Morgen das Deck schrubben!"
>
> *(Zitiert nach der Bank Line)*

Eines ist sicher: Das Deck eines Frachtschiffes befindet sich wesentlich näher an der Wasseroberfläche als das eines Passagierschiffes. Da der Laderaum mit Waren gefüllt ist, liegt der größte Teil des Rumpfes im Wasser. Die Frachtschiffe nutzen damit das Naturgesetz, nach dem ein Schiff, das ruhig fahren soll, gut beladen sein muß.

## Zielorte der Frachtschiffe

Vergessen Sie die Zeitverschiebungen, die den Beginn Ihres Urlaubs sonst ein wenig beeinträchtigen. Im längst nicht so starren Rhythmus der Frachtschiffe verlaufen die langen Reisen völlig natürlich. Sie erreichen Ihr Ziel ausgeruht und häufig schön gebräunt. Die Zeitgrenzen werden langsam überschritten, und die Tage verschieben sich, ohne daß man sich dessen bewußt wird. Auf manchen Kombischiffen wird die Überquerung des Äquators mit einer Zeremonie gefeiert.

Die Datumsgrenze, die den Pazifik von Norden nach Süden durchläuft, nimmt auf dem Meer eine ganz andere Bedeutung an, wie ein Passagier der COLUMBIA STAR erzählt:

> „Man bat uns, die Uhren eine Stunde vorzustellen und den Kalender einen Tag zurückzublättern. Auf diese Weise haben wir Freitag, den 20. März, ganz und gar zum zweitenmal erlebt. Für mich war es die erste echte Erfahrung des Überschreitens der Datumsgrenze. Vorher hatte ich dieses Erlebnis nur während eines Flugs gehabt, und mir war die tatsächliche Bedeutung entgangen, da wegen der schnellen Düsenflugzeuge alles drastisch verkürzt oder verlängert wird."

Auf einem Schiff fallen die gesellschaftlichen Schranken mehr oder weniger weg. Schon die Tatsache, daß man sich gemeinsam auf dem Meer befindet, nähert die Menschen einander an. Ein Reisender sagte einmal: „Am Kai wirkt das Schiff gewaltig. Doch sobald es die hohe See erreicht hat, ist es winzig."

Für das Personal – sowohl für die Matrosen als auch für die Offiziere – bedeutet die Anwesenheit von Passagieren ein anregendes Element, das ihre Routine unterbricht.

Der Tagesablauf wird von den Erfordernissen der Navigation, aber auch von den Mahlzeiten, den Begegnungen untereinander, den beschaulichen Augenblicken, den jeweiligen Anlaufhäfen und dem Wetterbericht bestimmt. Das Auftauchen eines Wals, eines Eisbergs oder eines Fischfangschiffs inmitten des Ozeans verleiht den Tagen ein unvergeßliches Gepräge. Die Zeit eignet sich ideal zum Lesen, Schreiben und Nachdenken.

Doch eine Reise mit dem Frachtschiff ist noch mehr. Sie ist Selbstzweck. Auf dem Meer sind Sie gleichzeitig überall und nirgends, außerhalb aller Grenzen. Die See ist das letzte Gebiet, das noch niemandem gehört.

Die Schönheit und der Reiz von Frachtschiffreisen besteht auch darin, daß die Schiffe Sie direkt in das lebendige Herz der Stadt bringen: in den immer geschichtsträchtigen Hafen, den Sie nach vielen Tagen auf See mit völlig anderen Augen betrachten.

## Die Wiederkehr der Zeit

Das mag alles gut und schön sein, werden Sie vielleicht sagen. Aber man braucht eine Menge Zeit, um mit einem Frachtschiff zu reisen.

Die Zeit – der ewige Widerspruch unserer Gesellschaft: Wer Geld besitzt, hat keine Zeit und umgekehrt.

Vielleicht geht diese Epoche allmählich zu Ende. Nach dem Zweiten Weltkrieg entwickelten sich zwei Phänomene nebeneinander: der bezahlte Urlaub und der Flugverkehr. Hat man nur 24 oder 30 Tage Urlaub im Jahr, versucht man natürlich, diese Zeit so gut wie möglich zu nutzen. Dafür scheint das Flugzeug das geeignete Transportmittel zu sein, weil es die Entfernungen schrumpfen läßt und die Urlaubszeit vor Ort verlängert.

Gegen Ende des 20. Jahrhunderts kündigt sich jedoch das Ende der Gehaltsempfänger-Gesellschaft an, wie der Soziologe André Gorz scharfsinnig schreibt. Angesichts der Massenarbeitslosigkeit scheint eine Umverteilung der Arbeit und damit der Freizeit unumgänglich zu werden.

Das bedeutet ein neues Verhältnis zur Zeit und zur Muße für die Bürger des 21. Jahrhunderts, eine andere Philosophie für ihre Existenz, in die sich Schiffsreisen völlig natürlich einfügen lassen.

## Die Renaissance der Frachtschiffe

Obwohl die Passagierschiffe nach und nach die Beförderung von Fahrgästen im regelmäßigen Liniendienst einstellten und Kreuzfahrten übernahmen, sprangen die Frachtschiffe zunächst nicht in die Bresche.

Die Frachtschiffe der Nachkriegszeit transportierten Güter in jeder Form und Größe. Ihre Beladung war eine heikle Angelegenheit, die je nach Art der Ware und Geschick der Schauerleute mehrere Tage in Anspruch nehmen konnte. Unterdessen warteten die anderen Frachtschiffe vor Anker, bis sie an die Reihe kamen. Die Fahrpläne und Routen waren daher äußerst ungenau. Unter diesen Umständen war es nicht einfach, Privatreisenden Kabinen an Bord anzubieten.

Von 1960 bis 1980 stellten nur noch wenige Reedereien Plätze auf ihren Frachtschiffen zur Verfügung. Wer auf diese Weise reisen wollte, konnte sich anhand der Lektüre des berühmten „ABC Shipping Guide“ (Seite 341) rasch über die Möglichkeiten informieren. Dieses Handbuch war eine Art Weltfahrplan für die Passagierschiffahrt und für Reisebüros bestimmt. In ihm befanden sich Zeitpläne und Tarife von Fähren, Kreuzfahrtschiffen und Frachtern in aller Welt. Anhand dieser kostbaren Angaben begann dann ein mühsames Spiel aus Telefonaten und Briefen in englischer Sprache.

In Frankreich gab es ausschließlich die berühmten Bananenschiffe der CGM, die zwischen der Hauptstadt und den Antillen verkehrten. (Heute werden Bananen in Containern transportiert). Die Transatlantiklinie wurde 1992 eingestellt. Zur Zeit nimmt Frankreich nur noch den 27. Platz innerhalb Handelsmarine ein, Deutschland den 20.

Nach dem Zweiten Weltkrieg spielten Frachtschiffreisen in der alten Bundesrepublik eine untergeordnete Rolle. Seit Beginn der fünfziger Jahre verkauften Spezialreiseagenturen Passagen auf Frachtschiffen. Ende der sechziger bzw. Anfang der siebziger Jahre stellten die meisten Reedereien diesen Dienst wieder ein. Aufrechterhalten wurde er jedoch von Polish Ocean Liners, die seit

1950 von der Hamburg-Süd Reiseagentur vertreten werden und zu einem Geheimtip für preiswerte Frachtschiffreisen geworden sind.

Man könnte annehmen, daß mit dem Pauschaltourismus die letzte Stunde für diese Form des Reisens geschlagen hätte. Doch gegen Ende der achtziger Jahre bemerkten jene Reedereien, die weiterhin Frachtschiffreisen anboten, eine wachsende Nachfrage. Die Schiffe fuhren inzwischen mit weniger Personal als früher und hatten daher Platz für Passagiere.

In Deutschland, England und den Vereinigten Staaten erlebten die Spezialagenturen für Frachtschiffreisen eine neue Blüte und gaben immer verlockendere Kataloge heraus. Heute sind manche Reisen auf Jahre im voraus ausgebucht. Neue Frachter, die ebenfalls für den Transport von Passagieren bestimmt sind, werden auf Kiel gelegt.

Selbst nagelneue Fracht-Fahrgastschiffe tauchen auf, was auf eine echte Renaissance der Seereisen zu deuten scheint.

## Die Revolution der Containerschiffe

In den achtziger Jahren vervielfachte sich die Anzahl der Containerschiffe. Manche dieser Riesen tragen die Bezeichnung „Overpanamax“, weil sie so groß sind, daß sie nicht einmal den Panamalkanal passieren können.

Aufgrund dieser Containerschiffe, auf denen weltweit alles standardisiert ist, und der modernen Kommunikationsmittel sind die Fahrzeiten und die Routen heutzutage erheblich zuverlässiger und präziser als früher. Deshalb kann man den Passagieren einen regelmäßigen Dienst anbieten.

Für viele Seeleute hat das Containerschiff jedoch ein wesentliches Element der Handelsmarine verloren, wie der Reiseschriftsteller Gavin Young in seinem Bericht „Auf allen Weltmeeren“ an Bord der CHENGTU bei der Abreise aus Hongkong feststellt:

> „Während der Steward uns die Steaks serviert, wendet sich die Unterhaltung einem Thema zu, das – wie ich soeben erfahren habe – allen Seeleuten auf der Zunge brennt: die Entmenschlichung des Bordlebens seit dem Auftauchen der Container, der Informatik und der Ertragsnormen. Die Schiffe ankern nur kurz in den Häfen. Die Erholungszeiten sind auf das strikte Minimum beschränkt. Manchmal reicht die Zeit nur gerade für ein Bier. Das Umladen wird nicht mehr nach Tagen, sondern nach Stunden berechnet."

## Die Containerschiffe – schwimmende Tauschmärkte

Für den Anthropologen liefern die Containerschiffe, die unablässig den Globus umfahren, einen echten Querschnitt unserer auf Kommerz ausgerichteten Gesellschaft. An Bord der schwimmenden Höhlen des Ali Baba, in deren Millionen von Metallbehältern, ruht ein sagenhafter „Krempel“, bahnt sich ein ungeahnter Tauschhandel an.

Neue Verbindungen entstehen zwischen Ländern, die ihre jeweiligen Waren austauschen. In einem Artikel der Zeitung *Le Monde* beschreibt Philippe Abalan humorvoll seine Reise auf der FORT-DESAIX, einem Bananenkühlschiff der CGM:

„In den eintausendfünfhundert zu zehn Etagen im Rumpf und an Deck gestapelten Behältern trägt das Schiff das ikonoklastische Know-how der Barbaren zu den französischen Antillen, nach Fort-de-France und anschließend nach Pointe-à-Pitre. Das ist seine Existenzberechtigung: Wasser in Flaschen, Luzerne, Faillencekacheln, Gemüse und europäische Früchte, Zwiebeln, Knoblauch, Speck, Frischfleisch, gelöschter Kalk, Faltkartons, leere Flaschen, Ersatzteile für Autos, Reifen, raffiniertes Salz, Berge von weißem Zucker und Kartoffeln für gesüßte Fruchtsaftgetränke und Pommes frites, die nach und nach die frischen Früchte und den kreolischen Reis verdrängen (vor kurzem wurden in Fort-de-France ein klimatisierter McDonalds und ein Burger King eröffnet), etliche gefrorene Schweineschwänze, Schienen für im Bau befindliche Schnellbahnen, Nagellack für die Prinzessinnen der Antillen, eine einzelne Kiste mit Tränengasgranaten (um den Flughafen zu befreien?), rektifizierter Äther, drei Kilo eines mir unbekannten, aber gefährlichen ‚Lespenephryl', Verdünner, Polyesterharz, Spraygas, Flüssigreiniger für Rohre… "

## Tramps – altmodischer Komfort auf See

Neben den modernen, funktionellen, manchmal auf die Minute genau fahrenden Frachtschiffen überqueren auch „Trampschiffe“ ohne festgelegte geographische Regionen die Meere. Sie sind die Nachfahren der alten Frachtdampfer, die Alvaro Mutis in seinem bezaubernden Roman *Die letzte Reise des Tramps* beschreibt, in der der alte, verrostete Frachter ALCYON die Hauptrolle spielt:

> „Das alte Wrack von einem Tramp der Meere schien etwas über unser Schicksal auf Erden auszusagen… In diesem Augenblick stieg eine solidarische Sympathie für den alten Dampfer in mir auf. Ich erkannte in ihm einen unglücklichen Bruder, sozusagen das Opfer der Gleichgültigkeit und der Gier der Menschen, denen er mit dem hartnäckigen Willen antwortete, weiterhin monotone Kielspuren seines Leidens über alle Meere zu ziehen."

Tramps, die heutzutage Reisende mitnehmen, haben allerdings nichts mehr mit diesen alten Schiffen am Ende ihrer Tage zu tun. Sie bieten einen echten altmodischen Komfort, der jeden Liebhaber von Frachtschiffreisen begeistert.

## Die Containerschiffe der Zukunft

1928 bedauerte der Schriftsteller Henri Michaux, daß er die Unterwasserwelt von dem Schiff aus, mit dem er den Atlantik überquerte, nicht beobachten konnte.

„Boskoop! Große Blinde, die den Atlantik überquert. Man könnte ebensogut in einem Sack stecken. (...) Man legt 4000 Meilen zurück und hat nichts gesehen, ein bißchen Seegang, ein starker Seegang, etwas Gischt, einige brechende Wellen, Wasserberge voraus, Sturm und selbst ein paar fliegende Fische. Mit einem Wort: Nichts! Nichts! In weniger als 50 Jahren werden alle Schiffe mit Apparaten ausgerüstet sein, die Euch mit der Meereswelt verbinden, mit dem, was sich unter Wasser befindet."

Um der Wahrheit die Ehre zu geben: Die Konstrukteure der futuristischen Frachter von heute kümmert es kaum, was sich unter den gewaltigen Schiffahrtswegen der Meere befindet. Ihnen geht es vielmehr um die Geschwindigkeit. So bei dem „Techno Super Liner", einem Prototyp für Frachtschiffe ohne Schraube, aber mit einer Wasserdüse, deren Strahl von einem Elektromagneten erzeugt wird, und der eine gewaltige Geschwindigkeit erreicht. 1994 umrundeten japanische Frachter mit einer Ladung von 2000 Tonnen das Kap mit 50 Knoten (93 km/h). Das entspricht einer Fahrzeit von etwa sechzig Stunden zwischen New York und Le Havre.

Seit Anfang 1990 befahren Containerschiffe vom Typ SL7 die Meere, die es auf eine Durchschnittsgeschwindigkeit von 33 Knoten (ein Knoten/1852 Meter pro Stunde) auf der Atlantik- und der Pazifik-Route bringen. (Sie verbrauchen 625 t Treibstoff pro Tag.)

Immer mehr Fähren und schnelle Küstenschiffe werden in Dienst gestellt, die auf dem Prinzip des Katamarans vom Typ SWATH (Small Waterplane Area Twin Hull, mit reduzierter Wasserauflage) beruhen. Nach diesem futuristischen Modell wurde auch ein luxuriöses Passagierschiff gebaut, die RADISSON DIAMOND.

Dennoch wollen Meer und Geschwindigkeit nicht recht zusammenpassen. Von einer bestimmten Geschwindigkeit an wird das Meerwasser hart wie Beton – ein Beton, der sich wellt und unerwartet Abgründe und Buckel bildet.

Das Meer zwingt dem Schiff seinen Rhythmus auf, der im übrigen ein integrierter Bestandteil des Reisevergnügens auf See ist. Wozu sich an Bord eines Schiffes begeben, wenn man nicht an Deck gehen kann, um den Ozean zu bewundern?

Jenseits von 20 Knoten werden die Bewegungen des Schiffes härter, und der Wind, den es mit seiner Geschwindigkeit erzeugt, gesellt sich zur Meeresbrise und kann den Aufenthalt im Freien unangenehm machen.

Das Vergnügen einer Schiffsreise liegt nicht zuletzt in ihrer Dauer. Man hat keine Eile. Wer sich auf das Meer begibt, benötigt einige Zeit. Der Tag der Einschiffung und der Ausschiffung müssen von der reinen Fahrtzeit abgezogen werden, als wäre das Festland zu nahe. Zwischen diesen beiden hört man auf, die Tage zu zählen... Vorausgesetzt, die Reise ist lang genug dafür.

Die Überquerung des Atlantiks in nur fünf Tagen mit einem so schnellen Passagierschiff wie der QUEEN ELISABETH 2 und elf Tage an Bord des polnischen Passagierschiffes STEFAN BATORY (inzwischen außer Dienst gestellt), das mit 15 Knoten zwischen Tilbury an der Themse und Montreal fuhr, Neufundland umrundete und sich in die Mündung des Sankt-Lorenz-Stroms wagte, war nicht unbedingt dasselbe. Und morgen? Wieviel Zeit wird man für die 3080 Meilen zwischen Le Havre und New York mit einem schnellen Frachtschiff benötigen? Drei Tage? Oder wird man im Gegenteil langsam und lautlos auf ultramodernen Passagierschiffen und Frachtern reisen, die vom Wind angetrieben werden?

## Loblied auf die Langsamkeit

Die Gegenwart lehrt uns, die Geschwindigkeit und die Schnelligkeit zu lieben und zu schätzen, als hätten wir nur eine Sorge: so rasch wie möglich ans Ziel der Reise zu gelangen.

Das Flugzeug macht uns blind, es gaukelt uns etwas vor. Es stiehlt uns die Zeit. Man erreicht schon vor dem Abflug das Ziel. Das Flugzeug raubt einem das Gefühl für die Weite, es betrügt einen um die Entfernungen und bringt einen um die eigentliche Schönheit des Reisens, die im Zurücklegen des Weges liegt. „Die Touristen wissen nicht, wohin sie geflogen sind. Die Reisenden wissen nicht, wohin es sie führt", schrieb Paul Théroux, während er mit einem kleinen Faltboot an den Inseln des Pazifiks entlangfuhr. Wichtigster Bestandteil des Reisens ist die Langsamkeit. Das Ziel ist nebensächlich. *Slow is beautiful.*

Man muß erneut lernen, den Erdball zu streicheln, behutsam zu sein, auf Zehenspitzen zu laufen, um ihn wiederzuerwecken, seine Weite zu empfinden. Man muß kilometerlang auf gewundenen Wegen geschwitzt, auf seinen Flanken geschwankt, im Gras seiner Haare geschlafen und sich die Augen ausgeschaut haben zum feinen Streifen des Meereshorizonts, um ihn endlich für einen kurzen Moment nackt betrachten zu können. Langsamkeit, Weite, Entfernungen, Himmel, Spuren, Erwartung, Zweifel, Verwunderung, Unerwartetes und Ängste gehören zum Reisen.

Das Wort „Reise" bedeutet, einen Weg zurückzulegen. Leider verwechseln wir inzwischen das Ziel und die Mittel. Heutzutage zerstört die Reise das Reisen. Die Welt gehört uns. Landkarten sind zu Katalogen geworden, Länder zu „Handelsware". Die Welt wird enger. Man verschleudert den Süden zu Billigpreisen.

## Das Flugzeug als Quelle der Luftverschmutzung

Aus ökologischer Sicht fällt der Vergleich zwischen dem Flugzeug und dem Schiff gegen das Flugzeug aus. Man schätzt, daß bei einem einzigen Flug von Paris nach New York und zurück so viel Sauerstoff in der Atmosphäre verbrannt wird, wie alle Einwohner von Paris während eines ganzen Jahres benötigen.

Wir machen einen gewaltigen Gebrauch vom Flugzeug, dessen Schädlichkeit wir erst nach und nach erkennen: Die Verschmutzung der Atmosphäre und die Lärmbelästigung, die Kerosindämpfe, die Verbrennung des Sauerstoffs, die Auswirkung auf die Ozonschicht und die Tatsache, daß Passagiere und Luftfahrtpersonal kosmischen Strahlen ausgesetzt werden, etc. bleiben nicht ohne Folgen.

Die indirekten Auswirkungen der Zivilluftfahrt sind nicht weniger bedeutsam, da man mit dem Flugzeug in wenigen Stunden praktisch jeden beliebigen Punkt der Erde erreichen kann. Das bedeutet das Ende der letzten Ureinwohner, der entlegenen Lagunen, der unendlichen Tundren. Ein Charterflugzeug bringt uns für eine Handvoll Dollar wohin wir wollen. Der Aufenthalt dort reicht gerade aus, um ein paar Fotos zu machen und einige Mikroben der Zivilisation in diesen verbliebenen Enklaven zu hinterlassen.

Natürlich ist das Flugzeug andererseits ein unschätzbar wertvolles Gerät, mit dem man Menschenleben retten, Brände löschen, Familien wiedervereinen, Post transportieren oder mit Hilfe der Journalisten als Mittelsmänner Zeuge von entfernten Ereignissen werden kann.

Manchen Menschen ermöglicht es sogar erst die Frachtschiffreise, weil deren Zeit sonst zu begrenzt dafür wäre. (Die Hin- oder Rückreise findet in diesem Fall per Flugzeug statt.) Das Flugzeug sollte uns jedoch nicht von den anderen Transportmitteln abhalten: dem Zug – täglich werden überall in der Welt Eisenbahnschienen abgebaut – oder dem Schiff, das sich so hervorragend für die Muße und das Reisen im eigentlichen Sinn eignet. Zwei

Drittel aller Luftreisen erfolgen aus touristischen Gründen. Doch zu welchem Preis für unseren Planeten.

> „Die Luftfahrt ist die energieverschlingenste Transportart. Die Gesamtemissionen der Luftfahrt, die sich zur Hälfte auf die zivile und zur anderen Hälfte auf die militärische Luftfahrt verteilen, wurden 1989 auf zwei bis drei Millionen Tonnen Stickstoff, 166 Millionen Tonnen Kohlenstoff (13 Prozent der Emissionen des gesamten Transportwesens) und 223 Millionen Tonnen Wasserdampf bei einer Verbrennung von 212 Milliarden Liter Kerosin geschätzt. Das sind gewaltige Mengen, von denen etwa ein Viertel aufgrund der mittleren Flughöhe zwischen 9000 und 12 000 Meter direkt in die Stratosphäre geschleudert wird. Dort kann sich die Verschmutzung bis zu einem Jahr halten, und die Temperatur von –30 °C oder –40 °C sorgt für einen sichtbaren Kondensstreifen hinter dem Flugzeug. Diese Kondensstreifen sowie der Ausstoß von Stickstoff sorgen für eine Treibhauswirkung und tragen zur Verringerung der Ozonschicht bei."
> *(Aus: L' Air, Untersuchung der Schweizer Gesellschaft für den Umweltschutz, 1993, Georg Editeur S.A.)*

Innerhalb weniger Jahre hat die Vorherrschaft des Flugzeugs die Passagierschiffahrt praktisch ausgelöscht. Nach dem Zweiten Weltkrieg zählte man 1 005 000 Passagiere auf der Nordatlantikroute: 72 Prozent davon reisten noch zur See, 28 Prozent benutzten bereits das Flugzeug. Passagierschiffe und Kombischiffe erlebten ihre letzten schönen Tage, bevor die Schwierigkeiten begannen (1970 bis 1980).

Heute kann man endlich hoffen, daß sich diese Tendenz wieder umkehren wird, daß sich die leeren Kabinen der

Frachtschiffe erneut füllen und – warum nicht – der Linienverkehr mit Passagier- und Kombischiffen vielleicht wieder aufgenommen wird.

Im Gegensatz zum Flugzeug verschmutzt das Schiff die Luft verhältnismäßig wenig, wie aus dem Bericht der EG vom September 1991 über die Schiffahrt hervorgeht: „Schiffe verbrauchen weniger Energie pro transportierte Tonne und verursachen deutlich weniger Lärmbelästigung als jedes andere Transportmittel."

Hinsichtlich des Lärms könnte man allerdings einwenden, daß Schiffe mit Schraubenantrieb unter Wasser eine erhebliche Belästigung darstellen. Die Geräusche verbreiten sich im Wasser dreimal so schnell wie in der Luft, und es ist zu befürchten, daß das unablässige Brummen der Schiffsmotoren, das unter Wasser weithin zu hören ist, eine negative Auswirkung auf die Unterwasserwelt hat, insbesondere auf die Wale, die sich über große Entfernungen untereinander verständigen.

## „Das Schiff ist der Mensch"

Wale und Delphine haben die Aufgabe, uns – falls nötig – an unseren Ursprung im Meer zu erinnern. Das Schicksal der Menschheit ist vom Meer nicht zu trennen. Unser Planet, der zu 71 Prozent mit Wasser bedeckt ist, gleicht einem gewaltigen schiffbaren Weg, einer offenen Tür zur ganzen Welt. Jeder einzelne Wassertropfen führt zum Ozean. Das Meer ist ein Kreislauf des Lebens.

Friedrich Ratzel, einer der Begründer der politischen Geographie, schrieb dazu 1897:

> „Ein einziger Zugang zum Meer genügt für ein Land, damit es jeden Küstenpunkt der Welt erreicht. Das Meer ist ein Verbindungsweg, der mühelos überallhin führen kann."

Nach den Entdeckern, den Kriegern, den Kaufleuten und den Sklavenhändlern überquerten unzählige weitere Pioniere auf Schiffen die Ozeane, um das menschliche Saatgut in der neuen Welt zu verbreiten. Von der MAYFLOWER bis zur TITANIC ist es nur eine Taulänge, die von der Geschichte mühelos überwunden wird.

Das erste Transportgut auf den Schiffen mit ihren runden mütterlichen Rümpfen war der Mensch: eine Fahrt mit Entdeckern, Schiffbrüchigen, Piraten, Sklaven und schließlich mit Auswanderern folgte der nächsten. Das Schiff als Parabolspiegel der Menschheit, oder, wie Victor Hugo schrieb: „Das Schiff ist der Mensch."

## Lektüre zum Thema „Reisen auf Frachtschiffen"

| | |
|---|---|
| Blaise **Cendrars**: | *Abhauen*<br>*Der alte Hafen* |
| Joseph **Conrad**: | *Freya von den sieben Inseln*<br>*Nostromo*<br>*Sieg. Eine Inselgeschichte*<br>*Der Spiegel der See.*<br>*Erinnerungen und Eindrücke*<br>*Taifun. Zwischen Land und See*<br>*Der Verdammte der Inseln* |
| **Hergé**: | *Der geheimnisvolle Stern*<br>*Im Reiche des Schwarzen Goldes*<br>*Kohle an Bord*<br>*Die Krabbe mit den goldenen Scheren*<br>*Die schwarze Insel* |
| Jack **Kerouac**: | *Unterwegs* |
| Malcolm **Lowry**: | *Ultramarin* |
| Alvaro **Mutis**: | *Die letzte Fahrt des Tramp Steamer*<br>*Die Reisen Marqroll's des Seefahrers* |
| B. **Traven**: | *Das Totenschiff* |

# Linienschiff oder Kreuzfahrtschiff?

## Transatlantik-Überquerungen gestern

„Ab 1900 wuchs der Transatlantikverkehr in westlicher Richtung gewaltig an. In den vierziger Jahren des 19. Jahrhunderts zählte man nur 150 000 Passagiere pro Jahr; nach 1905 unternahmen mehr als eine Million Menschen jährlich diese Reise. Man schätzt, daß zwischen 1820 und 1920 die unglaubliche Anzahl von 34 Millionen Passagieren den Atlantik nach Amerika überquert hat, in der Mehrzahl arme Auswanderer auf der Suche nach einem besseren Leben in der Neuen Welt."

Dies sind äußerst bemerkenswerte Zahlen. Mit ihnen erinnert der amerikanische Schriftsteller John Maxtone-Graham, Autor der bekannten Bücher *The only Way to Cross* und *Crossing and Cruising* (erschienen bei Scribners), an die Blütezeit der Passagierschiffahrt. Nur wenige Jahre trennen die mit Emigranten überfüllten Fahrzeuge der Vergangenheit von den luxuriösen Kreuzfahrtschiffen unserer Tage.

Die Passagierschiffe auf der Atlantikroute transportierten Pioniere, Flüchtlinge und Reisende auf der Suche nach neuen Abenteuern. Die einen machten die Überfahrt in der ersten Klasse, die anderen zwängten sich unter oftmals erbärmlichen sanitären Bedingungen im Rumpf zusammen, um eine neue Welt voller Verheißungen zu erreichen („Amerika, Amerika!") und die Schrecken der Progrome und anderer Massaker hinter sich zu lassen.

Daß dieser Führer für Frachtschiffreisen heute geschrieben werden kann, liegt nicht zuletzt daran, daß die Schiffe inzwischen nicht mehr jene Rolle ausfüllen, für die sie einst gedacht waren: den Transport von Passagieren von einem Ort zum anderen. Sie befuhren festgelegte Strecken und wurden als Linienschiffe bezeichnet. Nach und nach haben diese Linienschiffe ihren Platz an die Kreuzfahrtschiffe abgetreten, die kein anderes Ziel kennen als sich selbst. Frachtschiffe sind daher praktisch das einzige Transportmittel für Fernreisen auf dem Seeweg geblieben.

Natürlich haben Frachter und Passagierschiffe einen völlig unterschiedlichen Charme. Heutzutage verdanken wir es ausschließlich dem Kreuzfahrttourismus, daß überhaupt noch eine Flotte von Passagierschiffen die Welt befährt. Die heutigen Passagierschiffe werden speziell für Kreuzfahrten konstruiert.

## Die Normandie: Das Ende einer Ära

In früheren Zeiten waren Passagierschiffe die Botschafter ihres Heimatlandes. In dieser Hinsicht war die französische Normandie der Höhepunkt einer großen Epoche.

Ihre Ankunft im Hafen von New York im Jahre 1935 erregte gewaltiges Aufsehen. Sie wurde als „Meisterwerk der Technik und der französischen Kunst“ bezeichnet. Man sagte sogar, sie sei das schönste und eleganteste Passagierschiff der Welt.

Ihre Jungfernreise war unvergeßlich. Zahlreiche berühmte Persönlichkeiten befanden sich an Bord. Schriftsteller und Chronisten wurden eingeladen, über das Ereignis zu berichten. Zu ihnen gehörten Colette und Blaise Cendrars, damals Journalist beim *Paris-Soir*. Letzterer unterschied sich von den übrigen Chronisten, wie seine Tochter Miriam in der sehr anschaulichen Biographie über ihn berichtet:

> „Während die anderen die prächtigen Salons des schwimmenden Palastes sowie das luxuriöse Leben, das dort pulsierte, als Thema wählten – Dinner in Abendgarderobe, Bälle, Konzerte, Theateraufführungen, Spiele, den Müßiggang, die Berühmtheiten, eben die große Welt –, stieg Blaise, der immer noch keinen Smoking besaß, in die Laderäume hinab und verbrachte vier Tage, drei Stunden und etliche Minuten der Rekordüberquerung des Atlantiks mit den 1320 Männern der Mannschaft, an die keiner dachte: die Maschinisten, die Funker und all jene, die den Riesen des Meeres – 313 Meter, 79 000 Tonnen, 160 000 PS Turbomotoren und vier Schrauben – zum Laufen brachten und dank derer die NORMANDIE wegen ihrer Schnelligkeit, ihres Komforts und ihres Luxus das ‚Blaue Band‘ gewann.“

Doch die NORMANDIE mochte den Atlantik noch so schnell überqueren und nur drei oder vier Tage benötigen, sie läutete dennoch das Ende einer Epoche ein, wie es einer ihrer Konstrukteure übrigens vorausgesehen hatte. Paul Morand zitiert ihn in seinen *Excursions immobiles*:

> „Die NORMANDIE wird niemals ersetzt werden. Man wird das Transportflugzeug im Laufe dieses Krieges derart weiterentwickeln, daß das Schiff nicht mithalten kann. Es wird sich nicht einmal mehr in den aussichtslosen Kampf einlassen.
> (...)
> Eine knapp werdende Tonnage, zerbombte Häfen, zerstörte Eisenbahnschienen, all das muß dazu beitragen, den Luftfrachtverkehr zur Königin der Nachkriegszeit zu machen."

Weitsichtig erkennt Paul Morand bereits 1944, daß das Flugzeug absolut zum Allgemeingut werden wird:

> „Es führt kein Weg daran vorbei, daß die Straßenbahn der Luft, das Lufttaxi, der Luftvergnügungszug oder das Wochenendflugzeug früher oder später für uns zum Alltag gehören wird."

Die FRANCE kündete das eigentliche Ende der Linienpassagierschiffahrt an. Dazu schrieb Daniel Hillion in dem Wochenblatt *Le Marin*:

> „Als Madame de Gaulle, die Patin der FRANCE , am 11. Mai 1960 in Begleitung ihres berühmten Ehemannes die Sektflasche am Rumpf des Passagierschiffes zerschellte, behaupteten die scharfsichtigsten Beobachter, daß das Wunderkind der Nachkriegszeit viel zu spät käme. Die Ziffern

sprechen eine unbarmherzige Sprache. Die Seefahrt, die 1956 – dem Jahr der Bestellung der FRANCE – eine Million Passagiere zählte, beförderte 1969 nur noch 338 000 Gäste. 1973 sank diese Ziffer auf 132 000. Im selben Zeitraum wuchs der Luftverkehr von 825 000 auf zwölf Millionen Passagiere. Wir müssen uns damit abfinden, daß der König Passagierschiff tot ist. Es lebe das Flugzeug, der unbestrittene Herrscher des neuen Reisezeitalters."

Die Passagiere der Linienschiffe hatten nichts gemein mit den Reisenden auf den Kreuzfahrtschiffen von heute, denn sie verband ein gemeinsamer Grund für die Abreise, ein gemeinsames Ziel. Dafür gingen die Leidenschaften um so höher, und manches Schicksal hat sich an Bord der früheren Passagierschiffe erfüllt. Die glorreiche Epoche der langen Seereisen spiegelt sich in den Romanen jener Schriftsteller wider, die selber die Welt auf Schiffen bereisten: Claude Farrère, Edouard Peisson, Blaise Cendrars, Paul Morand und viele andere.

## Die letzten Ozeanriesen

Die letzten Linienschiffe stellten nach und nach ihren Dienst ein und wandten sich der Kreuzfahrt zu.

1980 konnte das Linienschiff ALEKSANDR PUSHKIN wegen eines Streiks der amerikanischen Dockarbeiter gegen die Invasion Afghanistans durch die Sowjetunion nicht in New York anlegen. Als Folge dieses Zwischenfalls stellten die Sowjets den gesamten Passagierdienst auf der Nordatlantikroute ein. Somit verkehrten nur noch zwei völlig unterschiedliche Passagierschiffe auf dieser Route: die QUEEN ELISABETH 2 der Reederei Cunard und die STEFAN BATORY von Polish Ocean Lines.

Die QUEEN ELISABETH 2, die Transatlantiküberquerung als Kreuzfahrt betreibt, ist das letzte Passagierschiff, das die Tradition auf dieser sagenhaften Linie aufrechterhält (26 Überquerungen pro Jahr von April bis Dezember). Der Preis für die Passage schließt die Rückkehr mit dem Flugzeug ein.

Wie auf allen großen Passagierschiffen sorgen auf der QUEEN ELISABETH 2 Vorträge, Konzerte, Veranstaltungen mit Ballettänzern der Oper und andere Freizeitvergnügungen für Abwechslung. In der Küche werken ausgezeichnete Köche, und der Wein wird von ausgebildeten Weinkellnern serviert.

Die bescheidenere STEFAN BATORY war eines der letzten Passagierschiffe auf der Atlantikroute. Es besaß eine eigene Geschichte, und man räumte ihm eine gewisse Chance ein. Das äußerst charmante altmodische Schiff verband Europa über die großartige Mündung des Sankt-Lorenz-Stroms mit Kanada. Es war der Nachfolger der BATORY, die als eines der ersten Passagierschiffe seit 1953 Kreuzfahrten durchführte (zum Nordkap).

Ende der achtziger Jahre mußte die STEFAN BATORY diese Fahrten einstellen und fuhr anschließend noch kurze Zeit als Kreuzfahrtschiff im Winter in der Karibik und im Sommer im Mittelmeer. Betagt und technisch veraltet, wurde sie 1988 an einen griechischen Reeder verkauft.

Andere Passagierschiffe wurden in Hotels umgewandelt. So ist aus der ENCHANTED ISLE das COMMODORE

HOTEL in Sankt Petersburg geworden und trägt dazu bei, den Mangel an Hotelbetten in dieser touristisch aufstrebenden Stadt zu beheben.

## Die Kreuzfahrtindustrie boomt

Während zahlreiche Unternehmen dahinvegetieren, erlebt die Kreuzfahrtindustrie eine nie gekannte Blüte, vor allem in den Vereinigten Staaten, die 1992 mit 1500 auf Kreuzfahrten spezialisierten Reiseagenturen und 4,4 Millionen Passagieren einen Anteil von 80 Prozent des Weltaufkommens innehatten (gegenüber 665 000 Passagieren in Europa und 250 000 in der restlichen Welt).

1993 zählte man weltweit rund 200 Linienschiffe. Die Kreuzfahrtindustrie erreichte einen Umsatz von rund 13 Milliarden DM, der seit 1970 kontinuierlich um zehn Prozent pro Jahr ansteigt. Das angestrebte Ziel sind acht Millionen Passagiere im Jahr 2000.

Unser Globus besteht nur zu 29 Prozent aus Land. Die Schiffe mit ihren Gästen können also zwei Drittel des Planeten befahren. Die Karibik ist das erschlossenste Zielgebiet. Sie liegt per Flugzeug in Reichweite der Amerikaner, die sich auf den „Vergnügungsfahrten“ zwischen den Inseln amüsieren. 1993 passierten allein 3,2 Millionen Reisende auf Passagierschiffen den Hafen von Miami.

Der aufstrebende Markt entwickelt Jahr für Jahr neue Produkte für eine immer anspruchsvollere Kundschaft. Zahlreiche Passagierschiffe ähneln schwimmenden Kasinos.

Die Reederei Celebrity Cruises bietet „Cyber-Kreuzfahrten“ auf Passagierschiffen an, deren Kabinen mit Computern ausgerüstet sind. Sie ermöglichen virtuelle Kontakte. Zwei Passagiere können sich also zunächst in einer virtuellen Welt begegnen, bevor sie sich bei entsprechendem Wunsch persönlich kennenlernen – die Science-fiction-Version der „Love Boats“ oder anderer Kreuzfahrten für Singles.

Die Schiffe ermöglichen den Zugang zu entlegenen Orten, die aus touristischer Sicht schwer zu erschließen sind. In solchen Fällen springt ein schwimmendes Hotel in die Bresche, zum Beispiel die OCEAN PRINCESS der Reederei Paquet. Dieses Passagierschiff ankert in der Paradise Bay in der Antarktis und bietet den Touristen die einzigartige Möglichkeit, unerschlossene Gebiete unter höchst luxuriösen Bedingungen aufzusuchen.

## Kulturelle Kreuzfahrten und neue Konzepte

Häufig findet eine Kreuzfahrt unter einem bestimmten Thema statt, das sich aus seinen Anlaufhäfen ergibt.

Themen-Kreuzfahrten – eine Spezialität, die 1956 mit der ersten Musikkreuzfahrt von der Reederei Paquet entwickelt wurde – werden immer beliebter. So findet man die „Lyrische Kreuzfahrt“, die „Gesichter der Welt mit Reportagen“ oder „Oper und Operetten“. Hinzu kommen pädagogische Themen wie „Die Kolonialgeschichte“, „Auf den Spuren von Monfreid“ oder „Abenteuer Charcot“ mit Vortragsveranstaltungen. Ferner können Kreuzfahrten zu besonderen Ereignissen veranstaltet werden, so 1995 die „Kreuzfahrt zum 100jährigen Bestehen des Films“ von Paquet und Pathé Cinéma.

Tatsächlich ist ein Schiff der ideale Ort, um Konzerte oder Vorträge zu hören, Filme zu sehen oder auch Gruppenarbeiten durchzuführen.

Dies ist zweifellos der Grund für die Einrichtung einer echten schwimmenden amerikanischen Universität an Bord eines Passagierschiffes. Die „Universität der sieben Meere“ wurde 1963 gegründet und zählt inzwischen mehr als 20 000 Studenten, die über 60 Länder besser kennenlernen konnten. Seit 1971 führt das Passagierschiff UNIVERSE EXPLORER auf seinen Fahren um die Welt mit 500 Studenten und Professoren aus unterschiedlichen Ländern Seminare durch, die einzig in ihrer Art sind. Eine wahrhaft kreative Nutzung von ehemaligen Linienschiffen.

**TIP** Die Universitäts-Kreuzfahrten stehen auch Gaststudenten offen, die an Kursen, Workshops und Seminaren teilnehmen können. (Institut for Shipboard Education, University of Pittsburg, 811 William Pitt Union, Pittsburg, PA 152 60, USA.)

Kreuzfahrten bieten eine ideale Möglichkeit, sich zu bilden und vor allem, Beziehungen zu knüpfen. In ihrem Katalog wirbt die amerikanische Kreuzfahrtreederei Crystal Harmony denn auch wie folgt:

„Das umfangreichste Konferenz- und Seminarprogramm auf dem Meer. Es findet in ausgesuchten Räumen des Schiffes statt: dem Club 2100, dem Galaxis-Salon, dem Palmenhof und dem Hollywood Theater. Die Redner reichen von hochrangigen Botschaftern über Diplomaten bis zu großen Küchenchefs und berühmten Weinkennern. Das Programm umfaßt ferner Historiker, die auf bestimmte Gebiete des Erdballs spezialisiert sind, bekannte Schriftsteller, Fernsehjournalisten sowie Filmstars und Führungskräfte aus der Wirtschaft und dem Finanzwesen (...) Für Teilnehmer der Kreuzfahrten von Crystal Harmony ist der tägliche Umgang mit den bedeutendsten Fachleuten und anregendsten Intellektuellen der Welt nichts Ungewöhnliches."

Auf langen Fahrten ohne Zwischenstationen – zum Beispiel der Atlantiküberquerung – werden Kreuzfahrten mit Themen wie „Sport und Gesundheit" oder „Feinschmecker" angeboten, so auf der BERLIN der deutschen Reederei Peter Deilmann.

Die Passagierschiffe von heute sind Teil eines schönen Traums. Sie sind als Luxushotels konzipiert, die eines Science-fiction-Films würdig wären: mit transparenten Kuppeldächern, schwimmenden Plattformen, die sich während der Zwischenlandungen auf dem Meer entfalten und Wassersport ermöglichen, sowie großen hellen Kabinen. Alles an Bord dient dem Vergnügen und der Muße:

Swimmingpools, Saunen, Kinos, Theater, Konzerte, Kongreß- und Konferenzsäle, Kasinos, Tanzböden, Nachtclubs, Restaurants, Boutiquen, Joggingpisten, Greens für das Golftraining (!) etc.

Um die Bedürfnisse der Geschäftsleute zu befriedigen, die fürchten, zu lange von ihrem Büro abgeschnitten zu sein, werden Räumlichkeiten mit Telefon, Fax und Computern zur Verfügung gestellt, die per Satellit über das System INMARSAT arbeiten.

Um auch Familien als Kunden zu gewinnen, bietet die französische Reederei Paquet während der Schulzeit die kostenlose Mitnahme von Jugendlichen unter 16 Jahren in Begleitung ihrer Eltern oder Großeltern an. Auf der MERMOS werden die Kinder im Juniorclub mit zahlreichen Aktivitäten beschäftigt (Basteln, Spiele, Filme, Theateraufführungen, Feste etc.).

Manchmal richten Passagierschiffe auch äußerst seriöse Kongresse oder Seminare aus, für deren Teilnehmer sich auf See optimale Arbeitsbedingungen bieten.
In Frankreich gibt es solche Kreuzfahrten seit 1980. Die Anzahl der Passagiere hat sich zwischen 1987 und 1992 verdoppelt. Die beiden führenden Unternehmen, Costa und Paquet, haben sich zusammengetan und betrachten den europäischen Markt nach wie vor als unterentwickelt. Das Unternehmen nahm 1993 mit einer Flotte von zehn Passagierschiffen den vierten Platz in der Weltrangliste ein.

Um neue, anspruchsvollere Kunden zu gewinnen (zum Beispiel in Europa), haben die Reedereien ein „green concept“ entwickelt. „Ökologische“ Passagierschiffe wie die erstaunlich futuristische RADISSON DIAMOND, die auf dem Prinzip eines gewaltigen Katamarans mit reduzierter Wasserauflage beruht, oder die SOVEREIGN OF THE SEA, die, wie man uns versicherte, ihren Abfall weder ins Wasser noch an die Atmosphäre abgibt, recyceln ihre Konservendosen und besitzen sogar einen gewaltigen Garten unter freiem Himmel!

Die Passagierschiffe von heute verfügen über große Panoramasalons, durch deren breite Glasfenster die Gäste die Unterseewelt bewundern können. So die Schiffe der Serie „Vision" der Royal Caribbean Cruise Line.

Als geglückte Mischung von Tradition und Technik wurden in den letzten Jahren Passagierschiffe unter Segel gebaut (SEA CLOUD, CLUB MED I. und II. sowie ILES DU PONANT), die sich größter Beliebtheit erfreuen. Weitere sind in Planung.

Das hält die Reeder jedoch nicht davon ab, noch größere Passagierschiffe zu bauen: Die amerikanische Reederei Carnival Cruise hat für 400 Millionen Dollar einen Ozeanriesen von 95 000 Tonnen in Italien in Auftrag gegeben, der 3400 Passagieren Platz bieten soll.

## Passagierschiffe als Transportmittel

Man könnte beinahe vergessen, daß die Passagierschiffe ursprünglich für die Beförderung von Reisenden und nicht für Luxusferien konzipiert waren. Ihre Bedeutung hat sich derart gewandelt, daß eine Kreuzfahrt heutzutage in der Regel ein oder zwei Flugstrecken einschließt.

Es ist beinahe unmöglich geworden, Passagierschiffe als reine Beförderungsmittel zu benutzen.

Beinahe … Denn die goldene Regel lautet: Wer die Welt an Bord von Schiffen bereisen möchte, sollte von dem Grundsatz ausgehen, daß nicht alle Hoffnung verloren ist, solange es noch eine freie Kabine gibt.

Nichts hindert Sie daran, sich bei den Schiffsreiseagenturen und Hafenbüros zu erkundigen, ob noch eine Kabine an Bord jenes Schiffes frei ist, das Sie interessiert, und zu versuchen, ein Ticket für eine Passage zu bekommen.

Die besten Beispiele für solch ein Vorgehen finden sich in zwei Büchern des englischen Schriftstellers und Journalisten Gavin Young, der mit Humor und Realismus von seiner außergewöhnlichen Rundreise um die Welt auf allen Schiffen berichtet (33 Schiffe von Piräus bis Kanton), die er auf seiner Route ausfindig machen konnte (verrostete Kähne, Küstenschiffe, Frachter, Passagierschiffe etc.). Der erste Band, „Slow Boats to China" (1981), ist bereits ein Klassiker der Seeliteratur.

Gavin Youngs Berichte beweisen, daß man mit gutem Willen und Erfindergeist zahlreiche Hindernisse überwinden und selbst auf Kreuzfahrtschiffen einen Platz bekommen kann. Schließlich liegt dies ebenso im Interesse des Reeders wie in dem des Reisenden. Nach langen Recherchen gelang es Young schließlich, auch eine Passage von Papeete nach Callao an Bord des russischen Passagierschiffes PUSHKIN zu buchen, das sich auf einer Kreuzfahrt um die Welt befand. Dort mußte er feststellen, daß er der einzige Engländer zwischen Hunderten von deutschen Reisenden im Seniorenalter war, die ihn argwöhnisch betrachteten.

Der Autor dieses Buches hat eine ähnliche Erfahrung auf der Reise von Hongkong nach Yokohama gemacht, als er auf einem Kreuzfahrtschiff mit den Angestellten einer japanischen Firma zusammentraf, die ein Seminar über Wein absolvierten.

## Überführungsfahrten

Eine originelle Möglichkeit, eine Reise auf einem Kreuzfahrtschiff zu ergattern, sind die sogenannten Überführungsfahrten (positioning cruises).

Nehmen wir zum Beispiel ein Schiff, das in Europa beheimatet ist, im Winter eine Reihe von Kreuzfahrten in der Karibik durchführt und im Sommer im Mittelmeer kreuzt. Zwischen den beiden Saisons muß das Schiff den Atlantik überqueren, um sich an seinen neuen Bestimmungsort zu begeben. Das kann eine Gelegenheit sein, ein Passagierschiff als Beförderungsmittel zu verwenden, denn einige Reedereien verkaufen für diese Überfahrten Tickets zu ermäßigten Preisen. Die Anzahl der Passagiere hängt davon ab, wie viele Menschen diesen „Trick" kennen. Normalerweise ist das Schiff nicht ausgebucht. Die Passage beschränkt sich auf die Fahrt und bietet nicht die zahlreichen Attraktionen einer Kreuzfahrt. Die Stimmung entspricht also eher der auf den alten Linienschiffen. Eine weitere Überführungsfahrt wird erforderlich, wenn das Schiff von seinem Heimathafen an den Ausgangspunkt seiner Kreuzfahrt gelangen muß oder umgekehrt.

Fred und Marylin, ein New Yorker Ehepaar, haben auf diese Weise mehrmals den Atlantik auf Passagierschiffen überquert und so die Chance erhalten, zusammen mit wenigen Auserwählten eine unvergeßliche Überführung an Bord der NORWAY (der ehemaligen FRANCE) zu erleben. Nach dem Ablegen mußten die Passagiere einige Ungelegenheiten wegen erforderlicher Klempnerarbeiten in Kauf nehmen. Als Entschädigung öffnete ihnen der Kapitän während der gesamten Überfahrt gratis die Bar!

Solche Gelegenheiten jedoch sind selten. Die Beliebtheit von Schiffsreisen ist so groß, daß die meisten Reedereien für ihre Atlantiküberquerungen den vollen Tarif verlangen. Trotzdem sind diese Reisen nicht so kostspielig wie Kreuzfahrten zwischen den Inseln. Möchten Sie die Überfahrten ohne Hin- oder Rückflug unternehmen, können Sie den Luftzuschlag (air credit) vom Reisepreis abziehen.

Die Reederei Costa bietet im Frühjahr und Herbst sogenannte große Atlantiküberquerungen von Nizza nach Rio und umgekehrt an (vier Reisen jährlich).

Der Preis für die Reise an Bord der EUGENIO COSTA zum Beispiel umfaßt die Kombination Flug/Seereise. Es sind jedoch auch Tickets ohne den Flug erhältlich (von Hafen zu Hafen). Der günstigste Preis für diese fünfzehntägige Fahrt mit Anlegehäfen auf den Kanarischen Inseln, in Afrika und Brasilien beträgt 8645 FF (Hafen/Hafen), also 576 FF pro Tag. Das ist ein verhältnismäßig niedriger Preis (vergleichbar mit dem auf Frachtschiffen) für eine Reise an Bord eines Schiffes von dieser Qualität. Es gibt auch Kabinen mit drei oder vier Betten für Gruppen von drei oder vier Personen, bei denen der dritte oder vierte Erwachsene nur 4960 FF zahlt, also 330 FF pro Tag. Während der Hochsaison variiert der Preis auf den Luxusschiffen für die billigeren Kabinen zwischen 250 Dollar und 600 Dollar pro Tag.

Der Prozentsatz der Gäste, die ein und dieselbe Reise mehrmals unternehmen, ist bei Kreuzfahrten übrigens am höchsten.

Frachtschiffe und Passagierschiffe sind durchaus noch vorhanden: Tausende von ihnen überqueren ständig die Meere. Die Nachfrage nach Seereisen steigt ständig. Nur die Kreuzfahrtindustrie ermöglicht heutzutage noch die Unterhaltung einer gewissen Flotte von Passagierschiffen. Für viele Passagiere ist und bleibt die Transatlantiklinie die Königin der Reiserouten. Wer weiß? Vielleicht wird der Verkehr auf dieser Linie in naher Zukunft wieder aufgenommen, und sei es nur für sechs Monate jährlich.

Vielleicht erhalten diese „Herrscher der Meere" eines Tages zumindest einen Teil ihrer ursprünglichen Bestimmung zurück: die Beförderung von Passagieren. Die Geschichte macht manchmal erstaunliche Umwege.

**TIP**

Wer sich für die Geschichte der Seeschiffahrt interessiert, findet ausführliches Material im Schiffahrtsmuseum Bremerhaven, das auch eine Zeitschrift herausgibt.

Deutsches Schiffahrtsmuseum
Van-Ronzelen-Straße
27568 Bremerhaven
Tel.: 0471/482 07-0

# Frachtschifftypen für Passagiere

Zu Beginn der Handelsschiffahrt verstand man unter einem Frachter bzw. einem Frachtschiff ein Wasserfahrzeug, in dessen Rumpf Güter aller Art befördert wurden: Kisten, Frischwaren, Säcke, Holz, Tiere, Rohstoffe etc.

Während des Zweiten Weltkriegs brachten deutsche und japanische U-Boote den alliierten Flotten derartige Verluste bei, daß die Vereinigten Staaten ein von seinem Umfang her bisher unbekanntes Bauprogramm für Frachtschiffe in Angriff nehmen mußten. Die Schiffe wurden „Liberty ships" genannt. Sie waren echte Mehrzweckfrachter, die sich sowohl für den Transport von Truppen als auch für den von Gütern eigneten. Sie entstanden am Fließband. Einige von ihnen wurden in nicht einmal einer Woche zusammengesetzt. In drei Jahren frenetischer Tätigkeit auf den amerikanischen Werften entstanden nicht weniger als 2700 Liberty ships.

Nach dem Krieg wurden diese Mehrzweckfrachter auf die vom Krieg zerstörten Länder verteilt und spielten eine Schlüsselrolle beim Wiederaufbau Europas. Sie bildeten eine hervorragende Handelsflotte, die sowohl dem Frachtverkehr als auch der Beförderung von Passagieren diente. Heutzutage sind solche Vielzweckfrachter selten geworden. Die Schiffe werden immer stärker spezialisiert und sind für eine bestimmte Warenart gedacht.

## Containerschiffe

Container sind große Metallkästen von sechs bis zwölf Meter Länge und 2,44 Meter Höhe. Diese Maße sind weltweit standardisiert. Auf diese Weise lassen sich die Container aller Länder perfekt übereinander stapeln. Sie können sowohl „trockene“ Güter als auch Flüssigkeiten (Zisternencontainer) oder Gefriergut (Container mit Kühlsystem und integriertem Generator) enthalten. Eine eigene Transportkette wurde für sie entwickelt. Sie ist in der ganzen Welt gleich und sorgt für einen maximalen Transport von Hafen zu Hafen mit einem Minimum an Gerät: Kran (der Transtainerkran), Lastwagen und Zug genügen.

1992 waren 4,4 Millionen solcher Container in Umlauf. Bis Ende dieses Jahrhunderts ist eine Reihe von Riesenschiffen für 5000 bis 6000 Container geplant. Dazu schreibt Yann Le Gouard im *Le Marin*:

> „Fünftausend Container von 20 Fuß (sechs Meter) entsprechen 2500 Sattelschleppern bzw. einer Strecke von 40 Kilometern, Stoßstange an Stoßstange gemessen!“

Wegen ihres regelmäßigen Fahrplans bieten Vollcontainerschiffe häufig Kabinen für Passagiere an. Teilweise handelt es sich um gewaltige Schiffe, deren Bau sehr kostspielig war. Deshalb gehören sie meistens einem Konsortium von Reedereien, die nicht immer dieselbe Nationalität, aber ein gemeinsames Interesse besitzen.

In seinem Buch *Cargos* erzählt der Schriftsteller John Mac Phee von seiner Reise an Bord eines Containerschiffes der amerikanischen Reederei Lykes. Bei der Ankunft in Valparaiso stellt er ein surrealistisches Inventar der in den Containern transportierten Waren auf:

> „Unter anderem entluden wir einen Container, dessen Inhalt angeblich aus Wurstdärmen, Wasserfiltern, Autoteilen, Maschinenteilen für Papiererzeugung und Sicherheitsvorrichtungen bestand, und einen weiteren Container mit Ersatzteilen für Frontlader, Maschinen zur Papierherstellung, Flugzeugteilen, Leuchtstoffröhren, Elektroröhren, Plastikfolie, Teilen von Klimaanlagen und Äthylen-Katalysatoren. Ferner entluden wir 13 000 Pfund Sonnenblumensamen und 25 000 Pfund Luzernensamen, 364 Kisten Subkutanspritzen, die wir in Kolumbien geladen hatten, 116 Tonnen Flacheisen und neun Tonnen Kupferdraht (in Chile!). Wir entluden Geldwechselautomaten im Gewicht von eineinhalb Tonnen, 43 Tonnen gebrauchte Kleidung, einen Gleichkettenkran, Modell 1080, und ein Löschfahrzeug.
>
> Im Gegenzug luden wir 3000 Kisten Wein, zwei Tonnen Kurzarmhemden, 350 Pfund chilenischen Knochenleim und 113 000 Pfund Kandiszucker. Des weiteren 817 Schreibtische und ebenso viele Stühle, 95 Kartons Regenschirme (für Los Angeles), 7000 Ersatzreifen (New Orleans), 6480 Klosettschüsseln (Chicago). Ferner luden wir neun Tonnen Fruchtsaft-Cocktail, 63 Tonnen Dosenpfirsiche, 67 Tonnen Rosinen, 230 000 Gallonen Apfelsaftkonzentrat, jeweils 400 000 frische Zitronen und Zwiebeln und 500 000 Äpfel. Dann endlich stachen wir in See."

Immer häufiger kennen die Seeleute den Inhalt der Container jedoch gar nicht. In ihren Augen handelt es sich um anonyme Ware, deren Verladung im voraus vom Computer berechnet wird.

## Ro-Ro-Frachtschiffe

Ro-Ro-Frachtschiffe haben ein sehr niedriges Hauptdeck in Höhe des Wassers, so daß sie die Fracht durch einfaches Einrollen übernehmen können. Daher kommt die englische Bezeichnung „Roll-on/Roll-off" beziehungsweise die Abkürzung Ro-Ro. Am verbreitetsten ist dieser Schiffstyp bei den Fähren. Die Fahrzeuge und Passagiere gelangen über Rampen an Bord, die extra für sie am Kai angebracht wurden.

Der klassische Ro-Ro-Frachter übernimmt die Container mit Hilfe von Hubstaplern. Der Vorteil dieses Schiffstyps besteht darin, daß er auch Häfen anlaufen kann, die nicht für die Containerverladung ausgerüstet sind. Er braucht nur längs des Kais anzulegen, seine eigene Rampe auszufahren und kann auf diese Weise rasch und selbsttätig arbeiten.

Ro-Ro-Fähren fassen eine sehr große Anzahl von Fahrzeugen auf mehreren Decks, so daß sie den nicht immer sehr ästhetischen Eindruck eines schwimmenden Gebäudes machen. Sie werden normalerweise für geringere Entfernungen eingesetzt, zum Beispiel in der Nordsee und im Mittelmeer.

So hat die SNCM zwei Ro-Ro-Fähren eingesetzt, die PORTO-CARDO und die KALLISTE (bis 190 Passagiere), die an das Ambiente von Kombischiffen anknüpfen.

Es gibt jedoch auch einige Fahrzeuge für die große Fahrt, so die gewaltigen Ro-Ro-Schiffe der italienischen Reederei Grimaldi, die echte Kombischiffe sind und den Transport von Neuwagen und Passagieren zwischen dem Mittelmeer, Westafrika und Brasilien übernehmen.

## Kühlschiffe vom Typ „Bananendampfer"

Kühlschiffe sind Spezialfrachter für den Transport von Frischwaren (Früchte, Fleisch, Fisch, Milchprodukte), vor allem zwischen Europa und der Karibik. Normalerweise handelt es sich um schnelle, elegante Schiffe, die mehr als 20 Knoten erreichen und entsprechend der Tradition der Bananendampfer weiß gestrichen sind.

Nicht selten hat jedes Mitglied der Mannschaft dieser hochklassig ausgerüsteten Frachter seine eigene Kabine. Die Einrichtungen für Passagiere sind größtenteils ausgesprochen luxuriös.

Die Früchte werden in Tiefkühlabteilen transportiert, deren Temperatur je nach Notwendigkeit zwischen –30° C und +12° C beträgt.

## Schüttgutfrachter

Diese Schiffe sind für den Transport unverpackter Güter von fester oder flüssiger Form bestimmt. Das feste Schüttgut kann zum Beispiel aus Eisenerz, Kohle, Getreide, Phosphaten, Salz etc. bestehen. Zu den flüssigen Gütern gehören außer Erdöl auch Bitumen, Kerosin, Flüssiggas, Ammoniak etc.

Diese Frachtschiffe bieten einen großen Vorteil für die Passagiere: Ihre Liegedauer ist länger, da die Entladung von Schüttgut mehr Zeit in Anspruch nimmt als die von Containern oder Fahrzeugen.

Selbstverständlich nehmen Frachter mit gefährlicher Ladung wie Gas, Erdöl oder chemische Produkte keine Passagiere mit.

## Trampschiffe

Trampschiffe (*tramp,* engl.:Vagabund) unterhalten keinen regelmäßigen Liniendienst, denn ihr Fahrplan richtet sich nach der jeweiligen Fracht. Ihr Ziel kann sich sogar während der Fahrt ändern. Sobald der Führer eines Trampschiffes einen Vertrag abgeschlossen hat, gibt er seine Fahrroute bekannt. Das kann sowohl zwei Monate im voraus als auch im letzten Augenblick geschehen, was von seiten des Passagiers große Flexibilität erfordert.

Die Schiffe bieten den gleichen Komfort wie die anderen Frachter, jedoch zu einem geringeren Preis.

**Tip** Wer feststellen möchte, ob eine interessante Route für ihn dabei ist, kann eine Positionsliste (position list) bei den Reedereien der Trampschiffe anfordern: zum Beispiel bei Egon Oldendorff oder Mineral Shipping.

## Kombischiffe

Früher transportierten Fracht-Fahrgastschiffe (sogenannte Kombischiffe) Passagiere, Post und Fracht im Liniendienst. Heutzutage haben sich manche Frachter aufgrund der Nachfrage in „Mischtypen" verwandelt, indem sie etwas Platz für Passagiere an Bord eingeräumt haben.

Fracht-Fahrgastschiffe sind der beste Kompromiß zwischen einem Frachtschiff und einem Passagierschiff. Sie können mehr als zwölf Passagiere aufnehmen, was die Anwesenheit eines Arztes erfordert.

Einige Schiffe dieses Typs wurden kürzlich in Dienst gestellt, so die SAINT HELENA (zwischen Großbritannien und dem Südatlantik), die luxuriöse AMERICANA (zwischen der Ostküste der USA und Brasilien sowie Argentinien), die ARANUI (in Polynesien) sowie die Serie der REPUBBLICA (zwischen dem Mittelmeer bzw. Nordeuropa und Brasilien/Argentinien).

## Fährschiffe

Wie zum Beweis des Wiederauflebens von Seereisen taucht eine neue Generation von Fährschiffen auf, die immer mehr Ähnlichkeit mit Passagierschiffen aufweist. So wurde die ehemalige Luxusfähre OLYMPIA unter dem Namen PRIDE OF BILBAO von P &O gechartert, um zweimal wöchentlich die Strecke von Großbritannien nach Spanien (Portsmouth – Bilbao) zu übernehmen. In der warmen Jahreszeit ist diese 28 Stunden lange Reise äußerst beliebt. Sie gibt den Engländern die Möglichkeit, direkt nach Spanien oder Portugal zu fahren, ohne Frankreich mit dem Wagen durchqueren zu müssen. (Dieselbe Strecke wird ebenfalls von den Schiffen der Britany Ferries zwischen Plymouth und Santander angeboten.) Die PRIDE OF BILBAO ist mit einem Fassungsvermögen von 2500 Passagieren und 600 Wagen die größte Fähre Europas (37 500 Tonnen). Zu ihrer Einrichtung gehören Saunen, ein Swimmingpool, ein Duty-free-Shop, ein Nachtclub und ein Casino.

Außerhalb der Saison verkehrt das Schiff zwischen Portsmouth und Cherbourg in Frankreich.

Auf dem Mittelmeer nimmt der Fährverkehr ständig zu. 1994 zählte er allein zwischen Italien und Griechenland über 50 Fahrzeuge.

Das größte Fährschiff der Welt fährt zwischen Helsinki (Finnland) und Stockholm (Schweden). Es ist die SILJA EUROPA, ein Luxusschiff für 3013 Passagiere (bei 1194 Kabinen). Die Kabinen sind mit Telefon und Farbfernseher ausgestattet. An Bord befinden sich sieben

Restaurants, ein Theater mit 564 Plätzen (das „Moulin Rouge“), ein Supermarkt mit 1000 Quadratmetern Verkaufsfläche und sogar – der Gipfel der Dekadenz – der erste schwimmende McDonald's!

# Wissenswertes über das Reisen mit einem Frachtschiff

## Einführung in den praktischen Teil

Bevor Sie sich fieberhaft auf das Verzeichnis der in diesem Führer genannten Traumziele stürzen, sollten Sie sich mit einigen Dingen vertraut machen, die für diese Reiseart kennzeichnend sind.

Manche Reedereien befördern Passagiere nur in einen bestimmten Teil der Welt (zum Beispiel die Horn-Linie in die Karibik).

Andere Reedereien bieten Frachtschiffreisen auf allen Meeren der Erde an. Schließlich gibt es einige Gesellschaften, deren Schiffe unablässig um die Welt fahren (wie die NSB oder die Bank Line).

Die Agenturen und Reedereien weisen ihre Kunden nachdrücklich auf mögliche Veränderungen der Zeitpläne und Reiserouten hin. Dadurch schützen sie sich vor Regreßansprüchen.

Als Beispiel finden Sie nachfolgend die ersten Zeilen eines Beförderungsvertrags zwischen einem Passagier und einer Reederei: „Die Fahrzeuge der Bank Linie sind Arbeitsschiffe. Ihre Hauptaufgabe besteht darin, Güter zu befördern. Ihre Termine und Abfahrthäfen, ihre Zwischenstationen und die Dauer ihrer Wegstrecke können sich folglich sowohl vor der Reise als auch während der Fahrt erheblich verändern." In allen Katalogen für Frachtschiffreisen werden Sie deshalb unausweichlich den Satz finden: „Routes and fares are subject to change." (Fahrrouten und Preise können Veränderungen unterliegen.) Abweichungen von den Angaben in diesem Buch sind daher unvermeidlich.

Selbst ein angegebenes Schiff kann in letzter Minute ausgetauscht werden. Außerdem kommt es vor – und zwar häufiger, als man glauben sollte –, daß Schiffe den Eigentümer wechseln und von einer anderen Reederei übernommen werden. Das bedeutet jedoch nicht, daß Frachterreisen grundsätzlich solchen Veränderungen unterliegen. Im Gegenteil, manche Reisen verlaufen auf die Minute genau nach Plan.

## Von Hafen zu Hafen

Auf dem Meer gibt es zahlreiche Möglichkeiten, von Punkt A zu Punkt B zu gelangen, wie das folgende Beispiel mit vier unterschiedlichen Routen von Rotterdam nach Colombo zeigt:

**BEISPIEL** **Vier unterschiedliche Routen von Rotterdam nach Colombo**

**ROUTE 1** Das Schiff fährt über Frankreich nach West- und Südafrika, umrundet das Kap der Guten Hoffnung und nimmt Kurs auf Sri Lanka.

Rotterdam → Le Havre: 250 Meilen
Le Havre → Accra (Ghana): 3825 Meilen
Accra → Kap der guten Hoffnung: 2592 Meilen
Kap der Guten Hoffnung → Colombo: 4395 Meilen

**INSGESAMT** 11 062 Meilen: Das sind rund 28 Tage ohne die Zwischenstationen.

**ROUTE 2** Das Schiff fährt über Gibraltar, den Suezkanal, das Rote Meer und den Golf von Oman mit Zwischenstationen in Griechenland, Saudi-Arabien, im Persischen Golf und in Pakistan.

Rotterdam → Piräus: 2887 Meilen
Piräus → Dschidda: 1320 Meilen
Dschidda → Bahrain: 2428 Meilen
Bahrain → Karachi: 922 Meilen
Karachi → Colombo: 1341 Meilen

**Insgesamt** 8898 Meilen: Das sind etwa 25 Tage ohne die Zwischenstationen.

**Route 3** Das Schiff befindet sich auf einer Ost-West-Route um die Welt über Colombo. Es überquert zunächst den Atlantik nach den USA und fährt weiter über Panama, den Südpazifik, Australien und Singapur. Von Sri Lanka kehrt es durch den Suezkanal von seiner Weltreise zurück.

Rotterdam → New Orleans: 4880 Meilen
New Orleans → Auckland: 7945 Meilen
Auckland → Sydney: 1275 Meilen
Sydney → Singapur: 4275 Meilen
Singapur → Colombo: 1565 Meilen.

19 940 Meilen: Das sind etwa 55 Tage ohne die Zwischenstationen.

ROUTE 4 Das Schiff fährt auf der kürzesten Strecke durch den Suezkanal direkt nach Colombo.

Rotterdam → Colombo 6785 Meilen.

INSGESAMT Das sind etwa 19 Tage auf See.

Dieses Beispiel soll Ihnen zeigen, daß Angaben wie „Rotterdam → Colombo" ohne Nennung der Zwischenstationen, die die Wegstrecke, die Reisedauer und folglich auch den Reisepreis bestimmen, wertlos sind. Man muß daher vom Preis pro Tag ausgehen und nicht von der direkten Entfernung zwischen Rotterdam und Colombo.

## Rundreise oder Einwegpassage?

Die meisten Schiffe starten von ihrem Heimathafen, folgen ihrer Route und kehren in ihren Heimathafen zurück. Dies bezeichnet man als Rundreise („round trip").

Verständlicherweise ist es für eine Reederei oder eine Agentur am günstigsten, wenn sie wie bei der Kreuzfahrt solche Rundreisen verkaufen kann. Daher geben sie jenen Passagieren den Vorzug, die nicht in erster Linie ferne Länder besuchen wollen, sondern vor allem einige Wochen an Bord eines Frachters verbringen möchten – für die die Schiffsreise also Selbstzweck ist.

Eine zunehmende Anzahl von Reisenden will nur einen bestimmten Abschnitt der Route zurücklegen und betrachtet den Frachter als Transportmittel und nicht als Alternative zu einer Kreuzfahrt.

Diese unverbesserlichen Flaneure, diese Anhänger der Einwegpassage seien ausdrücklich darauf hingewiesen, daß zahlreiche Länder dennoch die Vorlage eines Rückfahrtickets – per Flugzeug oder Schiff – verlangen, bevor sie den Reisenden einlassen. Das muß nicht zwangsläufig ein Ticket nach Hause sein. Es kann sich genausogut um die Ausreise ins Nachbarland handeln.

Manche Einwanderungsbehörden stellen auch ein Visum aus, wenn Sie einen Geldbetrag in Höhe der Rückfahrkarte auf einem Sperrkonto hinterlegen.

## Anlaufhäfen

In der Vergangenheit kam es vor, daß die traditionellen Frachter tage- oder wochenlang im Hafen lagen, weil sie auf einen Platz am Kai, auf Schauerleute oder neue Ware warten mußten, während die Passagiere Gelegenheit hatten, das Land zu besuchen.

Heutzutage besteht der Hauptvorwurf der Frachtschiffpassagiere darin, daß die Liegedauer bei Container- oder Ro-Ro-Schiffen manchmal nur wenige Stunden beträgt. Die gesamte Transportkette ist auf eine rasche Be- und Entladung der Container ausgerichtet. Je nach Land liegt ein Vollcontainerschiff sechs bis 24 Stunden oder auch drei Tage am Kai.

Anders ist dies bei Schüttgutschiffen, deren Entladung mehr Zeit erfordert. Die Trampschiffe der Reederei Mineral Shipping bleiben bis zu einer Woche im Hafen, so daß die Passagiere richtige Landausflüge unternehmen können.

Haben Sie eine Reise auf einem Frachter gewählt, der regelmäßig eine bestimmte Route bedient, können Sie am Zielort eventuell eine Tour (Hin- und Rückfahrt) überspringen und mit dem nächsten Schiff zurückkehren, um den Landaufenthalt besser zu nutzen.

Es kommt vor, daß ein Schiff während einer Fahrt zweimal denselben Hafen anläuft. Dann können Sie mit der Reederei vereinbaren, daß Sie bis zum zweiten Eintreffen an Land bleiben („second call").

Wahre Kenner wählen manchmal eine Reise, bei denen das Schiff für einige Tage im Trockendock liegt. Dies taten zum Beispiel Polly und Bill Cullen aus Colorado, ein echtes Abenteurerpaar, das auf zahlreichen Frachtschiffen fast die ganze Welt bereiste. Es fuhr mit der AMERICAN SENATOR nach Südkorea, wo das Schiff im Trockendock repariert werden sollte. Während dieses Aufenthaltes hatte das Paar drei Wochen Zeit für eine unvergeßliche Chinareise.

Auch die Dauer der Zwischenstationen kann sich in letzter Minute ändern, wie aus dem Bericht des amerikanischen Reisenden Keith Comly hervorgeht, der eines Dienstags mit seiner Frau Jean mit dem Containerschiff COLUMBIA STAR im Hafen der Botany Bay, Sydney, Australien einlief:

„Der Kapitän unterrichtete uns, daß die Abfahrt für Donnerstag, 23 Uhr, vorgesehen wäre, machte uns jedoch auf mögliche Verschiebungen aufmerksam. Man darf nie vergessen, daß es bei den Schiffen zunächst um die Ladung geht und die Passagiere erst an zweiter Stelle kommen...

Donnerstag morgen wurde uns mitgeteilt, daß unsere Abfahrt für 22 Uhr vorgesehen wäre und wir bis 21 Uhr an Bord zurück zu sein hätten. (...)

Bei der Rückkehr um 17 Uhr erfuhren wir, daß die Abfahrt auf 6 Uhr am nächsten Morgen verschoben worden sei. Die meisten von uns gingen früh schlafen, um beim morgendlichen Auslaufen an Deck zu sein. Leider wurde uns nach dem Aufwachen mitgeteilt, daß sich unsere voraussichtliche Abfahrtszeit um vier Stunden verzögere. Eigentlich sollte man annehmen, daß solche Verspätungen ärgerlich gewesen wären. In Wirklichkeit machten sie unsere Tage abwechslungsreicher. Schließlich hatten wir es absolut nicht eilig, und es ist immer interessant, das Treiben beim Be- und Entladen zu beobachten."

**TIP** Manchmal liegt der Frachthafen, in dem die Schiffe entladen werden, viele Kilometer von der Stadt entfernt, und man benötigt ein Taxi. Sorgen Sie dann rechtzeitig für den Rücktransport, da das Frachtschiff bei Verspätung ggf. nicht auf Sie wartet!

## Improvisieren oder vorausplanen?

Einige Frachtschiffreisen kann man Monate im voraus buchen, bei anderen muß man in letzter Minute improvisieren. Mit den Hinweisen in diesem Führer sind Sie für beides gerüstet.

Möchten Sie mit einem Frachtschiff reisen, haben aber keine Zeit für umfangreiche Reisevorbereitungen, dann halten Sie sich am besten an die großen Reedereien, die zahlreiche Schiffe auf den Meeren fahren lassen.

Polish Ocean Lines, Egon Oldendorff und Blue Star oder die Spezialagenturen (die Sie im Anschluß an die Reedereien in diesem Führer finden) sind in der Lage, Ihnen die Position der entsprechenden Schiffe mitzuteilen.

Alle Spezialagenturen arbeiten mit den großen Reedereien zusammen, deren Schiffe die westeuropäischen Häfen anlaufen und in alle Himmelsrichtungen ausschwärmen. Mit einer flexiblen Haltung werden Sie immer eine Kabine auf einem abfahrbereiten Frachtschiff finden und dies ist dann das Schiff, das Ihr Ziel bestimmt.

In jedem Fall ist es ratsam, drei oder vier Wochen vor der geplanten Abfahrt reisefertig zu sein. Selbst wenn Sie Ihr Ticket in Händen halten, sollten Sie vorsichtshalber drei oder vier Tage vor dem Auslaufdatum die Agentur oder die Reederei anrufen, um sich zu vergewissern, daß der Zeitplan eingehalten wird.

## Reisepreis und Währung an Bord

Der Fahrpreis kann sich ebenfalls ändern, und zwar sowohl nach oben als auch nach unten. Einige Reedereien verlangen je nach Hoch- oder Nebensaison unterschiedliche Preise.

Die Hafengebühren sind nicht immer im Fahrpreis enthalten. Sie variieren zwischen 20 Dollar und 270 Dollar pro Person und Reise.

Die meisten Reedereien schließen für ihre Passagiere und auf deren Kosten eine Deviationsversicherung ab. Diese deckt die Kosten des Schiffsbetriebes für den Fall, daß wegen schwerer Erkrankung oder Unfall eines Reisenden von der Route abgewichen werden muß. Der Preis für die Versicherung schwankt in der „großen Fahrt" zwischen 100 Dollar und 250 Dollar, bei einer Reederei zahlt der Reisende je nach Alter sogar bis zu 500 Dollar.

Die Mahlzeiten – Frühstück, Mittag- und Abendessen (manchmal auch die Getränke während der Mahlzeiten) – und der Zutritt zu allen Einrichtungen für die Passagiere sind im Preis enthalten.

An Bord können Sie nur Getränke, Zigaretten – normalerweise zollfrei – sowie einige Kleinigkeiten in der Bordboutique kaufen, die in Dollar oder der Landeswährung des Schiffes bezahlt werden mussen.

Eventuelle Trinkgelder für den Kabinenservice, das Restaurant oder die Bar sind in Ihr Belieben gestellt. Informieren Sie sich beim Purser. Aus einleuchtenden

Gründen sollten Sie, wenn Sie Trinkgelder geben wollen, dies nicht erst am letzten Reisetag tun. Teilen Sie so mit, daß Sie den Service zu schätzen wissen.
Auf allen Schiffen finden Sie einen Purser, der für die Formalitäten und die Bordkasse verantwortlich ist. An ihn können Sie sich ebenfalls wegen des Postversands in den Anlegehäfen wenden.

Besorgen Sie sich rechtzeitig die Landeswährungen für Ihre Landaufenthalte, da Sie nicht immer die Möglichkeit haben, an Bord Geld zu wechseln.

## Das Alter der Passagiere

Das Mindest- bzw. Höchstalter der Passagiere variiert je nach Reederei oder Schiffstyp. Bei den Fracht-Fahrgastschiffen besteht häufig keine Beschränkung, weil sich ein Arzt an Bord befindet. Auf anderen Frachtern ist ein Mindestalter von fünf Jahren – wie auf den Kühlfrachtern der CGM vorgeschrieben. Einige Reedereien akzeptieren Kinder aller Altersstufen und gewähren ihnen sogar einen erheblichen Rabatt.

Das Höchstalter bewegt sich um die 80 Jahre. Manchmal wird ein Gesundheitsattest verlangt (fast immer bei Passagieren von über 65 Jahren).

## Agenturen und Reedereien

Für den Erwerb eines Tickets wenden Sie sich direkt an die Reederei oder an eine Reiseagentur.

Einige Reedereien haben eigene Büros für die Passagiere geschaffen, andere werden von Agenturen vertreten. Der Reisepreis bleibt gleich, egal ob Sie das Ticket direkt bei der Reederei oder durch Vermittlung einer Agentur kaufen.

Spezialagenturen gibt es in Europa, Kanada und den Vereinigten Staaten, wobei Deutschland den Markt zu beherrschen scheint. Die wichtigsten Agenturen vertreten etwa 30 Reedereien und bieten einige Dutzend Reisen pro Jahr in ihren Katalogen an. Die meisten Agenturen übernehmen darüber hinaus den klassischen Service eines Reisebüros und vermitteln Tickets für kombinierte Luft- und Frachtschiffreisen, Hotelunterkünfte, Landausflüge etc.

Das gilt zum Beispiel für „Hamburg-Süd“ und „Frachtschiff-Touristik Kapitän Peter Zylmann“ in Deutschland, „Strand Cruise Center“ in London und „Freighter World Cruises“ in Kalifornien (die zweimal monatlich ein eigenes Mitteilungsblatt herausgibt) und „Mer et Voyages“ in Frankreich.

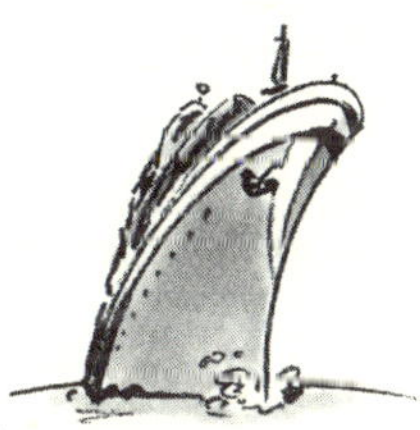

# An Bord eines Frachters

## Kabinen

Die Passagierkabinen weisen normalerweise den gleichen Standard auf wie die Offizierskabinen und sind erheblich geräumiger als auf Kreuzfahrtschiffen. Sie haben eine ausgezeichnete Lage, sind hell und ebenso bequem wie ein gutes Hotelzimmer. Je nach Reederei und Schiff übernimmt ein Kabinensteward den Service.

Alle Kabinen sind mit einer Sitzgruppe, Tisch und Stühlen sowie Betten ausgestattet. Hinzu kommen fast immer Dusche, WC und manchmal auch ein Kühlschrank sowie eine Videoanlage.

Die Kabinen haben ein großes eckiges Fenster mit Meeresblick und liegen in der Mitte des Schiffsaufbaus, weit vom Motorenlärm entfernt. Vergewissern Sie sich dennoch diesbezüglich, da bei einigen Kabinen der Ausblick von Containern verstellt sein kann. Für Einzelkabinen ist normalerweise ein Aufschlag zu zahlen.

## Ernährung

Der berühmte Seefahrer Bernard Moitessier sagte zu Recht: „Das Essen liegt an der Wurzel jedes Aufstands." Und wirklich – mancher schlechte Schiffskoch hat eine Meuterei hervorgerufen. Auf einem Schiff ist die Ernährung noch wichtiger als an Land. Die Mahlzeiten sind eine ausgezeichnete Gelegenheit zur Entspannung und Geselligkeit, eine hervorragende Möglichkeit, mit den Offizieren ins Gespräch zu kommen und sich deren Seemannsgeschichten anzuhören.

An Bord eines Frachters finden Sie einen Speisesaal vor. Sie werden nach Wunsch verpflegt und brauchen sich nicht einmal um die Rechnung zu kümmern. Die Seeluft macht Appetit, und die Schiffsköche sorgen dafür, daß niemand hungern muß.

In dem kleinen alten Führer über Frachterreisen, *Tramp Steamers, a budget guide to ocean travel* gibt der amerikanische Journalist Meme Black seine Meinung über die Speisesäle und die Verpflegung an Bord wieder:

> „Was ist mit den Speisesälen? Was ist mit der Ernährung? Die anheimelnden, modernen, komfortablen Speisesäle liegen auf dem Oberdeck, um soviel Licht und Aussicht wie möglich zu bieten. Und die Mahlzeiten sind durchgehend köstlich. Sie bestehen aus frischen Produkten, die an Bord hergestellt werden, schmackhaften Fleischgerichten und Menüs, die von der Landesküche des Frachters bis zu traditionellen Eintöpfen reichen."

Die Essenszeiten werden Sie vielleicht verwundern. Keine Sorge, man gewöhnt sich rasch an den ungewöhnlichen Rhythmus der Schiffsbesatzung. Auf See vergehen die Stunden anders, vor allem beim Überschreiten von Zeitgrenzen.

Benötigen Sie eine Spezialdiät (salzlos, vegetarisch etc.), sollten Sie sich rechtzeitig erkundigen. Die meisten Reedereien werden sich bemühen, Ihren Wünschen nachzukommen, wenn Sie sie mehrere Wochen im voraus informieren. Der Ausschank von Alkohol ist von Reederei zu Reederei unterschiedlich geregelt. Manchmal ist der Wein gratis; manchmal muß man ihn bezahlen oder er wird überhaupt nicht angeboten. Das ist Frage der Kultur. Tischwein wird man eher auf französischen oder italienischen Schiffen finden als auf polnischen.

## Schiffsbesatzungen

Ein Zauber von Frachtschiffreisen besteht darin, daß man vom ersten Schritt an Bord bereits in eine andere Welt versetzt wird, die von der Nationalität der Offiziere und der Seeleute bestimmt wird. Das spiegelt sich sowohl in der Sprache als auch in der Nahrung, in den Essenszeiten und den Sitten wider.

Immer häufiger sind die Offiziere und die Decksmannschaft ein und desselben Schiffes unterschiedlicher Nationalität: Die Offiziere sind Amerikaner, Deutsche, Engländer, Griechen, Italiener oder Polen, die Matrosen Birmesen, Indonesier, Inder, Kenianer und Philippinos mit geringem Lohn, wie bei den Billigflaggen üblich, deren Bewirtschaftungskosten nur halb so hoch sind wie die deutscher Schiffe.

Doch diese sogenannten Billigflaggen halten sich nicht immer an die Sicherheitsbestimmungen, den Umweltschutz oder die Menschenrechte. Auf manchen Schiffen herrscht eine wenig erfreuliche Wirklichkeit: mißhandelte Matrosen, unerlaubtes Ablassen von Ölrückständen, ausgeraubte und über Bord geworfene blinde Passagiere, Handel mit Waffen und sonstigen verbotenen Gütern... (Die beiden größten Handelsflotten der Welt fahren unter der Flagge von Liberia und Panama.)

Neue Systeme der Navigation, der Kommunikation und der Ortung haben die Anzahl der Besatzungsmitglieder selbst auf sehr großen Schiffen erheblich reduziert. Die Folge ist, daß manche neuen Schiffe nur noch mit einem Minimum an Kabinen ausgestattet werden. Nur die traditionelle Eignerkabine bleibt frei. Auf anderen Schiffen ergibt sich die gegenteilige Wirkung: Wegen der Verringerung der Mannschaft stehen mehr Kabinen für Passagiere zur Verfügung.

## Passagiere

Die Sicherheit auf See wird von einer internationalen Gesellschaft kontrolliert, der IMO (International Maritime Organization), mit Sitz in London.

Für Frachter verlangt das Gesetz, daß bei mehr als zwölf Passagieren – eine absolut willkürliche Ziffer – ein Arzt an Bord sein muß. Dies erklärt die Höchstzahl von zwölf Passagieren bei Frachtschiffreisen (mit Ausnahme auf Fracht-Fahrgastschiffen).

Aber was sind das für Leute, die eine Frachtschiffreise unternehmen? Auf diese Frage antwortete die Sprecherin der Passagierabteilung einer Frachtschiffreederei:

„Unsere Kundschaft setzt sich aus Personen zusammen, die anders reisen möchten, in einem humaneren Rhythmus. Es handelt sich um Leute, die das Fliegen nicht vertragen, junge Abenteurer, die sich die Gelegenheit nicht entgehen lassen wollen, den Kontinent, zu dem sie reisen, Hafen für Hafen kennenzulernen, sowie um Rentner, für die die Reise selber ein Abenteuer ist."

Zu dieser Aufzählung könnte man gewiß hinzufügen: ehemalige Angehörige der Handelsmarine, Seeleute aus Passion, Künstler auf der Suche nach neuer Inspiration, Schriftsteller, die in Ruhe schreiben möchten, Musiker, die eine andere Stille kennenlernen wollen. Gar nicht zu reden von jenen, die mit ihren Möbeln im Rumpf des Frachters umziehen, die ihren Wagen, ihren Campingbus, ihr Motorrad oder ihr Haustier mitnehmen möchten. Hinzu kommen all jene, die entschlossen sind, sich Zeit zum Leben zu nehmen, sowie unzählige weitere, nicht einzuordnende nostalgische Liebhaber des Meeres und der Schiffe.

## Die Sprache

Als Folge des wirtschaftlichen Gedeihens der Seefahrt ist Englisch weltweit zur Verkehrssprache der Seeleute und der Reedereien geworden. Die Sprache an Bord hängt dagegen von der Nationalität der Offiziere ab.

## Gepäck

Alle Frachtschiffe gestatten ihren Passagieren ein erhebliches Freigepäck (oft 100 bis 150 Kilogramm oder 0,5 Kubikmeter pro Person). Die Horn-Linie umschreibt den Ausdruck Freigepäck sehr treffend: „Gepäck wird ohne Mehrkosten befördert, soweit es vom Passagier selbst an/von Bord getragen werden und in der eigenen Kabine sicher untergebracht werden kann."

Einige Reedereien haben Tarife für Übergepäck von Passagieren: Polish Ocean Lines zwei Dollar pro Kilogramm Übergepäck, Horn-Linie 100 DM pro Kubikmeter, Minimum 25 DM pro Gepäckstück, CGM 90 FF pro zehn Kilogramm Übergepäck, maximal 50 Kilogramm pro Passagier, Grimaldi 100 Dollar pro 100 Kilogramm, jedoch nur zum persönlichen Nutzen.

Bei den meisten Reedereien ist jedoch Übergepäck, insbesondere die Mitnahme von Umzugsgut, Möbel etc., nicht möglich und der Transport muß unabhängig von der Passage über einen Spediteur abgewickelt werden.

Fahrradmitnahme: Grundsätzlich kein Problem, oftmals gratis; bei NSB 100 DM pro Weg, bei CGM 170 FF. Motorradmitnahme: Möglich bei CGM, Grimaldi und Mineral Shipping. Bei allen anderen Reedereien unabhängig von der Passage über einen Spediteur.

Auto- und Campermitnahme: Möglich bei CGM (nur Autos), Grimaldi, Mineral Shipping, Horn-Linie 1500 DM pro Weg für Autos und 1800 DM pro Weg für Camper. Bei allen anderen Reedereien ist die Mitnahme von Fahrzeugen unabhängig von der Passage über einen

Spediteur möglich. In diesem Fall findet die Verladung meist in Containern oder auf Flat-Racks statt. Dies wird recht teuer.

Mitnahme von Hunden und Katzen: Unseres Wissens nur bei CGM, E&F Lines (Fyffes) und Mineral Shipping möglich. Oft darf sich das Haustier aber nicht in der Kabine aufhalten.

Wollen Sie sperriges Gepäck, für das Sie einen Träger benötigen, mit an Bord nehmen, müssen Sie sich spätestens einen Tag vor der Abreise an den Hafenagenten oder einen Spediteur wenden.

## Kleidung

Gleichgültig, auf welchem Breitengrad Sie sich befinden, von einem Tag zum anderen können Sie von der Meeresfrische überrascht werden. Zum Seewind muß manchmal noch der Fahrtwind gerechnet werden, der durch die Geschwindigkeit des Schiffes entsteht. Nehmen Sie daher unbedingt ein warmes Kleidungsstück sowie eine Regen- oder eine Windjacke mit. Auf Deck sind gute (Turn-) Schuhe mit griffiger Gummisohle ein Muß.

Beim Essen geht es jedoch manchmal förmlicher zu. Die Mahlzeiten werden gemeinsam mit den Offizieren eingenommen. Deshalb ist es ratsam, für solche Gelegenheiten auch einige elegantere Kleidungsstücke einzupacken. Auf einigen nostalgischen Frachtern wie der ARGENTINA STAR wird bei gewissen Dinners von den Männern sogar erwartet, daß sie Jackett und Krawatte tragen.

Legen Sie auch ein Fernglas in den Koffer. Es ist ideal zum Absuchen des Horizonts, zum Beobachten von anderen Schiffen und Seetieren und natürlich dem Land, das sich entfernt oder näherkommt.

Vermeiden Sie zu starke Vergrößerungen, die wegen der Schiffsbewegungen unscharf werden, und blicken Sie nicht stundenlang durch das Fernglas. Das könnte zur Seekrankheit führen!

**TIP** Packen Sie auch einen Reisewecker ein, um einen Sonnenaufgang, die Annäherung an einen Hafen oder einfach das Frühstück nicht zu verpassen!

## Seekrankheit

Manche bekommen sie nie, andere leiden chronisch darunter – einschließlich einiger Seeleute –, und einige spüren sie nur bei besonderen Gelegenheiten. Meistens vergeht das Elend des ersten Tags auf See im Verlauf der Reise recht bald. Der Organismus gewöhnt sich an das Meer und paßt sich den Schiffsbewegungen an.

Die Seekrankheit kündigt sich mit kleinen Anzeichen an: Müdigkeit, Gähnen, Schweißausbrüche, Unwohlsein. Angst verstärkt diesen Zustand noch. Nichts erzeugt diese Krankheit mit größerer Sicherheit eher als die Angst davor.

Die Seekrankheit kann auch auf ein Ungleichgewicht zwischen den Verhältnissen im Innenohr und dem, was das Auge sieht, zurückzuführen sein. Es nützt daher fast immer, sobald man ein aufsteigendes Unwohlsein verspürt, an die frische Luft zu gehen, sich zu beschäftigen und zum Horizont zu blicken. Keinesfalls sollte man sich in die Kabine zurückziehen, lesen oder die Bugwelle bzw. das Kielwasser betrachten.

Nikos Kavvadias erzählt in *Die Wache*, wie er einen alten Bergbewohner seekrank machte, der zum erstenmal auf einem Schiff fuhr und als einziger Passagier eines Frachters mitten in einem Sturm vor der griechischen Küste nicht krank war.

> „Ich hatte mit dem Purser gewettet, daß ich den Alten seekrank bekäme. Je stärker das Schiff rollte, desto mehr aß er.
>
> ‚Sagen Sie, Großväterchen, bewegt sich das Gebirge, oder ist es das Wasser?' fragte ich ihn.
>
> Er betrachtete eine ganze Weile abwechselnd das Land und das Meer. Am Ende hat er sich übergeben."

Schlafen ist ein weiteres Mittel, die Seekrankheit zu überwinden. Von den üblichen Medikamenten ist im allgemeinen abzuraten. Für schwere Fälle kann man ein Mittel gegen Seekrankheit einpacken. Sie können schädliche Nebenwirkungen haben. Die Chinesen verwenden angeblich ein Mittel auf der Grundlage von Ingwer. Stecken Sie also bei der Einschiffung ruhig eine Ingwerwurzel in die Tasche, und kauen Sie von Zeit zu Zeit darauf herum. Ansonsten muß man sich an Bord eben manchmal übergeben, wie mir ein befreundeter Seemann versicherte. Man tut es in dem Bewußtsein, daß der

Körper einem einen Dienst erweist und man sich anschließend erheblich besser fühlt. Übrigens sind viele Frachter stabiler als Passagierschiffe, da der größte Teil ihres mit Gütern beladenen Rumpfs unter Wasser liegt. Diese große Stabilität führt allerdings zu verstärkten Rückholbewegungen bei ausgeprägtem Seegang. Das weiter aus dem Wasser ragende Passagierschiff ist sehr windanfällig; da sein Schwerpunkt höher liegt, ist es außerdem stärker dem Rollen und Stampfen ausgesetzt. Die meisten Passagierschiffe sind jedoch mit Stabilisatoren ausgerüstet, die das Rollen erfolgreich verhindern.

## Das Leben an Bord

Eine Fahrt auf See ist eine Reise außerhalb der Zeit. An Land klagen die Leute ständig darüber, daß sie nicht genügend Zeit haben. Auf See verlieren wir die gewohnten Bezugspunkte. Wir leben im Rhythmus des Schiffes, was durch die gemeinsamen Mahlzeiten mit den Offizieren noch unterstrichen wird. Auf dem Meer verschwinden die gesellschaftlichen Unterschiede. Wir sind nichts als eine Gruppe von Menschen auf einem kleinen Schiff inmitten der gewaltigen See. Eine ungeheure Ausgeglichenheit erfaßt uns, die in völligem Gegensatz zu unserem Empfinden im Hafen steht:

> „Es ist interessant, wie sich unser Verhalten auf See verändert. Im Hafen versuchen wir, aus welchem Grund auch immer, ein letztes Mal an Land zurückzukehren, weil wir anschließend vielleicht keine Möglichkeit mehr dazu

> haben. Auf See spüren wir keinerlei Anzeichen für solch eine Unentschlossenheit. Die Tatsache, daß man unterwegs ist, hat etwas Magisches. Wir kümmern uns weder um unseren Standort noch um die Geschwindigkeit, sind uns jedoch bewußt, daß wir nicht stehenbleiben. Das Leben scheint friedlich zu sein."

Diese Zeilen, die Keith und Jean Comly an Bord des Frachtschiffes COLUMBIA STAR schrieben, zeigen recht gut die Veränderung, die während einer Seereise in uns vorgeht.

Es ist erstaunlich, wie jeder auf einem Schiff seinen eigenen Platz, seine eigene Tätigkeit findet: Man beginnt ein Tagebuch, liest sämtliche Bücher, für die man nie Zeit hatte, malt oder zeichnet, hört Musik, meditiert, schreibt, sieht einen Videofilm an, spielt Schach, Karten, Dart, unterhält sich an der Bar, macht nach dem Essen selber Musik, singt...

Beziehen Sie also Ihre Lieblingsbeschäftigungen in die Vorbereitungen für eine lange Reise ein, und nehmen Sie auch „geistige Nahrung" mit.
Zur körperlichen Entspannung können Sie in das kleine Schwimmbad an Bord steigen oder den Fitneßraum und die Sauna aufsuchen, falls Ihr Schiff damit ausgerüstet ist. Schließlich können Sie Glück haben und eine Tischtennisplatte vorfinden. Dieser Sport nimmt völlig neue Dimensionen an, wenn das Schiff schlingert oder im Sturm stampft.

An Bord eines Kreuzfahrtschiffes werden die Passagiere den ganzen Tag beschäftigt, als sollten sie vergessen, daß sie sich auf einem Schiff und auf See befinden. Auf einem Frachtschiff erleben Sie das genaue Gegenteil. Passagiere und Offiziere halten miteinander Kontakt, und die Fortbewegung des Schiffes oder die Entwicklung des Wetters stellen einen natürlichen Gesprächsstoff dar.

Auf Einladung dürfen die Passagiere auch auf die Brücke kommen oder den Maschinenraum besichtigen. So werden sie in gewisser Weise in den Tagesbetrieb einbezogen und verfolgen täglich das Weiterrücken.

Das Ablegen (Abfahrt) und Anlegen (Ankunft) sind Ereignisse, die man richtig genießt. Eine ganze Flotte von Schleppern umgibt uns, Lotsen, die geschickt die Tauleiter hinaufklettern: Wie könnte man sich da langweilen?

Geben wir es ruhig zu: Eine Frachterkabine auf hoher See kann auch ein traumhaftes Liebesnest für ein Paar sein, das ganz besonders originelle Flitterwochen außerhalb von Zeit und Raum erleben möchte.

Man sagt, die Sinnlichkeit würde auf den Schiffen erneut geweckt. Die hohe See versetze die Paare in einen Sinnesrausch, wie die Kubanerin Marya Montero in ihrem erotischen Roman *Eine Nacht mit dir* erzählt:

> „Bermudez, der sich in solchen Dingen auskennt und der nicht ohne Grund schon zum drittenmal verheiratet ist, hatte mich vor der Abfahrt gewarnt: Die Frauen sind auf den Schiffen außer Rand und Band."

Das Meer, die Liebe, der Tod … Um sich die Langeweile während der Nachtwache zu vertreiben, erzählen die Matrosen Geschichten von Schiffen, vom Meer, von der Liebe und vom Tod. Das Buch *Die Wache* des Griechen Nikos Kavvadias aus dem Jahr 1954 zeugt von diesen erstaunlichen Erzählungen, die der Autor an Bord von Frachtern und Passagierschiffen hörte. Es ist ein Meisterwerk seiner Art und der einzige Roman des Griechen, der als Funker auf mehreren Passagier- und Frachtschiffen fuhr.

## Kann man auch Frachter-Stopp machen?

Kann man heute noch wie ehemals in einen Hafen gehen und den Kapitän eines Frachters überreden, einen als zahlenden Passagier oder als Gast an Bord mitzunehmen?

Grundsätzlich lautet die Antwort nein, und man hört stets dieselben Gründe dafür: Versicherungsprobleme, weder Arzt noch Kabinensteward an Bord. Eine Genehmigung der Reederei ist erforderlich etc. Aber es gibt Ausnahmen.

Ein Beispiel dafür ist Andreas, ein Deutscher, der auf den Azoren von einem Segler an Land gegangen war. Da er auf dem Seeweg nach Europa zurückkehren wollte, sprach er bei sämtlichen Frachtern im Hafen vor, erhielt eine Absage nach der anderen und lernte schließlich den Kapitän einer griechischen Reederei kennen, der sich bereit erklärte, ihn auf seinem Frachter mit Ziel Portugal mitzunehmen. Die freundschaftlichen Bande zwischen den beiden Männern wurden während der Überfahrt so eng, daß der Kapitän bei der Ankunft dafür sorgte, daß Andreas fortan auf allen Schiffen der Reederei als Gast mitgenommen werden durfte.

Ein weiteres Beispiel sind Manu und Rachel aus Saint-Pierre-et-Miquelon, die unzählige Meilen mit ihrem Segelboot zurückgelegt hatten und auf einem kleinen Frachter nach Frankreich heimkehren konnten. Manu erzählt:

> „Die VILLE DE CORTE, ein achtzig Meter langes Ro-Ro-Schiff, war eher daran gewöhnt, im Mittelmeer zwischen Nordafrika und Marseille zu kreuzen, als sich der Kälte und dem Eis auszusetzen. Fünf Monate fuhr sie alle zehn Tage die Strecke Halifax – Saint-Pierre-et-Miquelon und zurück. Sie ersetzte unser übliches Ro-Ro-Schiff, das zur Generalüberholung ins Dock mußte.
>
> Da wir den Reeder und den Kapitän kannten, hatten wir keine größeren Schwierigkeiten, die Rückreise nach Marseille mitzumachen. Unsere Kabine befand sich in einem Container hinter dem Ruderhaus...Vier Container waren für Fahrer eingerichtet, die mit ihren Lastwagen das Mittelmeer überquerten."

Es wurde eine ungewöhnliche zehntägige Reise, die bei geradezu magischem Licht im Packeis des Sankt-Lorenz-Stroms begann und im Dunst von Marseille endete. Ich wiederhole: Dies sind Ausnahmen. Doch die Lektüre der Bücher von Gavin Young, der die Weltmeere auf Dutzenden von Schiffen befahren hat, beweist, daß man mit Überzeugungskraft und Erfindergeist manchmal alle Hindernisse überwinden kann und doch auf ein Schiff gelangt.

Vergessen Sie nicht, daß der Kapitän jeden auf sein Schiff einladen darf. Übrigens nehmen die Offiziere gelegentlich ihre Ehefrauen für die Dauer einer Reise mit.

## Berechnung des Fahrpreises zwischen zwei Anlaufhäfen

Was für den einen der Zielhafen ist, kann für den anderen der Einschiffungshafen sein. Ein- und Ausschiffung kann allerdings nicht in jedem beliebigen Hafen erfolgen. Horrende Hafengebühren können den Reeder davon abhalten, z.B. in Piräus, Passagiere einzuschiffen. Auch in vielen arabischen Ländern ist Ein- und Ausschiffung von Gesetzes wegen nicht möglich. In Saudi-Arabien ist sogar für Transitpassagiere kein Landgang möglich.

Am häufigsten werden Tickets für Rundreisen verkauft. Kennen Sie die Dauer der Reise, können Sie in etwa den Tagespreis ausrechnen.

Die genaue Berechnung des Fahrpreises ist jedoch nicht ganz so einfach. Bei kurzen Reisen fallen die Kosten für Deviationsversicherung viel mehr ins Gewicht als bei langen Reisen. Man hält sich besser an die von Reedereien oder Spezialagenturen herausgegebenen Infoblätter bzw. Preislisten oder noch besser, man holt ein konkretes Angebot ein.

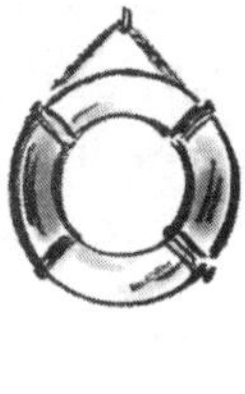

**TIP** Wer ein konkretes Angebot einholt, sollte auch gleich die Passagierbedingungen der Reederei und eventuell noch die allgemeinen Reisebedingungen des Vermittlers anfordern. Mit den Passagierbedingungen sichern sich die Reedereien gegenüber dem Passagier ab. Wer diese nicht akzeptieren kann, der sieht besser von einer Frachtschiffreise ab. Insbesondere die vermeintlichen Schiffsverspätungen sind normalerweise kein Grund zur kostenlosen Stornierung einer solchen Reise.

**BEISPIEL** Hier ein Beispiel, wie man eine erste Kostenvorstellung von einer geplanten Frachtschiffreise ermittelt:

Sie interessieren sich für eine Reise, die folgendermaßen ausgeschrieben ist:

Hamburg → Antwerpen → Le Havre →
Gibraltar → Piräus → Suez → Dschidda →
Suez → Gibraltar → Le Havre → Hamburg
(Rundreise: ca. 25 Tage)

**PREIS** Rundreise: 2500 Dollar
entsprechend 100 Dollar pro Tag.

Die Rundreise führt also von Hamburg bis Dschidda und zurück nach Hamburg. Sie interessiert aber nur die Teilstrecke Le Havre → Piräus.

Wie läßt sich deren Preis in etwa ermitteln?

Dafür muß man entweder die Entfernung zwischen den beiden Häfen kennen oder wissen, wie viele Tage sich das Schiff für die jeweilige Strecke auf See befindet.

In unserem Fall beträgt die Entfernung Le Havre → Piräus 2693 Meilen. Da die meisten Frachtschiffe zwischen 15 und 20 Knoten pro Stunde laufen, kann man die Zeit berechnen, die das Schiff für diese Distanz benötigen wird.

Für die Strecke Le Havre → Piräus ergibt das etwa sieben Tage ohne die Zwischenstopps. Bei einem Tagessatz von 100 Dollar müssen Sie also mit einem Fahrpreis von 700 Dollar rechnen. Hinzu kommen natürlich die Kosten für den Aufenthalt in den Anlegehäfen sowie eventuelle Hafensteuern.

**TIP**

Es gibt ein kleines Buch voller Zahlen, das den Liebhaber von Seereisen zum Träumen bringt, denn in ihm sind die Entfernungen zwischen allen großen Häfen der Welt aufgeführt (über 500 Häfen). Reeder und Schiffsmakler berechnen anhand dieses Buches die kürzesten Routen für ihre Schiffe.

Es handelt sich um *Reed's marine distance tables*, die in England von Thomas Reed (Weir House, Hurst Road, East Molesey, Surrey KT8 9AQ) herausgegeben werden.

Zur Umrechnung der Seemeilen in Reisetage hier die Zeit, die ein Frachter bei 15 Knoten für folgende Entfernungen benötigt:

500 Meilen: 1 Tag und 9 Stunden
1000 Meilen: 2 Tage und 19 Stunden
2000 Meilen: 5 Tage und 13 Stunden
3000 Meilen: 8 Tage und 8 Stunden
5000 Meilen: 13 Tage und 21 Stunden
10 000 Meilen: 27 Tage und 18 Stunden
(selbstverständlich ohne Zwischenstopps)

Eine Seemeile = 1852 Meter
Ein Knoten = Geschwindigkeit von einer Seemeile pro Stunde.

## Entfernungen

Es folgen einige Entfernungsangaben für große Häfen ab Le Havre. Mit Hilfe dieser Angaben können Sie bei Bedarf Ihre Berechnungen anstellen.

Am Ende des Buches finden Sie ein Register mit allen in diesem Führer genannten Häfen. Mit seiner Hilfe können Sie sämtliche Frachtschiffe ausfindig machen, die dort anlegen. Die genannten Orte können sowohl als Einschiffungs- wie als Ausschiffungshäfen betrachtet werden.

## Entfernungen der großen Welthäfen ab Le Havre (in Seemeilen)

Akaba 3495
Alexandria 2985
Antofagasta 6778
Antwerpen 244
Apia (über Panama) 10 351
Auckland 11 200
Azoren 1325
Baltimore 3380
Bangkok 8970
Barcelona 1712
Beirut 3200
Bombay 6165
Boston 2880
Buenos Aires 6210
Callao 5987
Casablanca 1209
Colombo 6595
Curacao 4130
Dakar 2410
Dar es-Salam 6235
Djakarta 8395
Djibouti 4493
Douala 4387
Dschidda 3805
Dubrovnik 2635
Fremantle 9395
Galveston 4880
Genua 2042
Gibraltar 1147
Guayaquil 5492
Haifa 3200
Haiphong 9510
Halifax 2515
Havanna 4190
Hongkong 9595
Honolulu (über Panama) 9320
Iquique 6650
Kalkutta 7845
Kaohsiung 9785
Kap Horn 7235
Kapstadt 6030
Karachi 5970
Kingston (Jamaika) 4130
Kobe 10 890
Lagos 4120
Las Palmas 1560
Los Angeles 7557

Madras 7170
Marseille 1876
Mauritius, Insel 6835
Mombasa 6135
Montevideo 6090
Montreal 3015
New Orleans 4690
New York 3080
Norfolk 3240
Noumea
(über Panama) 11 625
Odessa 3314
Osaka 10 785
Oslo 752
Papeete
(über Panama) 9180
Philadelphia 3230
Piräus 2693
Port Moresby
(über Suez) 9854
Port Said 3093
Port Sudan 3890
Port-au-Prince 4005
Portland 8557
Puerto Limón 4750
Pusan
(über Suez) 10 663
Recife 3995
Réunion 6800
Rio de Janeiro 5080
Saigon 8785
Salvador 4380
San Juan
(Puerto Rico) 3655
Seattle 8655
Shanghai 10 400
Singapur 8160
Suez 3180
Suva 10 961
Sydney
(über Suez) 11 370
Tampico 5020
Valparaiso 7258
Vancouver 8727
Veracruz 4980
Yokohama
(über Suez) 11 115

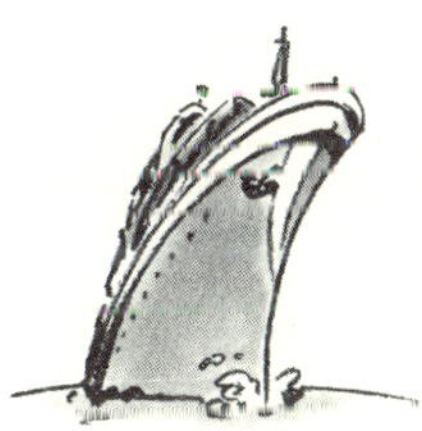

# Der Routenführer

# Hinweise zur Benutzung

## Einige Vorbemerkungen

Dieser Führer, den wir so vollständig wie möglich gestalten wollten, ist unseres Wissens der erste seiner Art. Wir mußten daher eine eigene Klassifizierung entwickeln, um dem Reisenden einen Überblick über die zahlreichen Routen der Frachtschiffe zu ermöglichen, die unseren Globus in alle Richtungen befahren. Angesichts der außerordentlich flexiblen Handelsmarine stößt man bei der Zusammenstellung eines zuverlässigen Führers klassischer Art rasch auf zahlreiche Schwierigkeiten.

In der Schiffahrt ist absolute Pünktlichkeit nicht zu erreichen. Die Routen richten sich eher nach den kommerziellen Anforderungen als nach geographischen Gegebenheiten (vorausgesetzt, das Wetter spielt mit).

Die Reedereien weisen ihre Kunden stets vorsichtshalber darauf hin, daß alle – oder fast alle – Angaben Veränderungen unterliegen können. Die modernen Kommunikations- und Navigationsmittel haben die Zuverlässigkeit der Fahrpläne und Routen jedoch in einem Maße erhöht, daß manche Reisen mit Vollcontainerschiffen heute fast ebenso pünktlich verlaufen können wie eine Eisenbahnfahrt.

## Die Wahl des Ziels

Im ersten Teil des Führers finden Sie eine Reihe von Frachtschiffreisen, nach Zielgebieten in sieben Abschnitte unterteilt:

1. Reisen zwischen Europa und Kanada/USA
2. Reisen zwischen Europa und Mexiko, Karibik, Mittelamerika und Südamerika
3. Reisen zwischen Europa und Mittelmeerländern, Afrika, Atlantik, Rotes Meer, Naher- und Ferner Osten, Inseln im Indischen Ozean
4. Reisen zwischen Europa und Indien, Asien, Ferner Osten, Australien, Neuseeland, und Pazifik
5. Reisen zwischen Europa Skandinavien, Polen, Baltikum, Rußland, Irland und Großbritannien
6. Reisen rund um die Welt
7. Reisen von Häfen außerhalb Europas.

Die Routen sind in der Reihenfolge der Anlegehäfen angegeben (die Länder oder Regionen erscheinen kursiv). Nach der Route folgen der Name der Reederei bzw. der Agentur, die sie vertritt, sowie die Seitenzahl, auf der Sie die betreffende Institution mit einer ausführlichen Beschreibung der Reise finden.

Für den Reisenden kann im Prinzip jeder Anlegehafen auch der Ein- oder Ausschiffhafen sein. Eine Ausnahme bilden Saudi-Arabien, die Vereinigten Arabischen Emirate, Bahrain, Kuwait und oft auch Ägypten (insbesondere der Suezkanal) sowie andere arabische Länder. Gründe dafür können bestimmte behördliche Vorschriften oder auch horrende Gebühren sein, die die Reedereien nicht übernehmen wollen. Darüber hinaus nehmen gewisse Reedereien aufgrund der unsicheren politische Situation in verschiedenen westafrikanischen Häfen auf diesen Routen nur beschränkt Passagiere mit.

Der erste angegebene Hafen muß also nicht zwangsläufig Ihr Abreisehafen sein. Bei einer Reise: Felixstowe → Antwerpen → Le Havre → Montreal → Le Havre → Antwerpen → Felixstowe können Sie zum Beispiel in Le Havre an Bord und in Montreal wieder an Land gehen. Ebensogut können Sie Ihre Reise in Montreal beginnen und sich nach Le Havre oder Antwerpen begeben.

Manchmal ist nur das Land angegeben. In diesem Fall müssen Sie sich bei der Reederei oder deren Agentur nach dem vorgesehenen Abfahrtshafen zum Zeitpunkt Ihrer Reise erkundigen.

Sind zwei Häfen wie folgt angegeben: „Rotterdam/Antwerpen", legt das Schiff je nach Fracht in Rotterdam oder Antwerpen an. Zahlreiche Reiserouten beginnen mit der Nennung mehrerer westeuropäischen Häfen (zum Beispiel Hamburg → Bremen → Rotterdam → Felixstowe → Antwerpen → Le Havre). Das heißt nicht notwendigerweise, daß das Schiff in jedem Hafen anlegen muß.

Nicht immer werden Sie Ihren *Traumfrachter* in der Nähe finden. Von Deutschland relativ leicht zu erreichen sind die Häfen von Antwerpen (Belgien), Rotterdam (Niederlande) Felixstowe, Tilbury und Thamesport (Großbritannien), Le Havre (Frankreich), Gdansk (Danzig, Polen) sowie Genua und Livorno (Italien).

Mit Hilfe des Registers am Ende des Buches kann dieser Führer ab jedem Hafen der Welt verwendet werden. Bei einer Frachtschiffreise wählen Sie nicht nur das Ziel, sondern gleichzeitig eine bestimmte Route.

Dieses Buch liefert Ihnen soviel grundsätzliche Informationen wie möglich, erhebt dabei aber keinen Anspruch auf Vollständigkeit. Frachtschiffreisen hängen von den jeweiligen wechselnden Gegebenheiten ab. Es ist daher durchaus möglich, daß Sie noch weitere Routen und Schiffe entdecken.

## Die Wahl der Reederei bzw. Agentur

Im zweiten Teil des Führers finden Sie die Reedereien, die die Reise Ihrer Wahl durchführen, in alphabetischer Reihenfolge. Manche Reedereien stellen selber Tickets aus, andere haben diese Aufgabe Spezialagenturen übertragen. Diese folgen im Anschluß an die Reedereien ebenfalls in alphabetischer Reihenfolge.

Zum Preisvergleich zwischen zwei Reedereien bzw. Agenturen können Sie sich am Tagessatz orientieren. Ist dieser nicht angegeben ist, läßt er sich leicht errechnen, indem Sie den für die Reise angegebenen Preis durch die Anzahl der Tage teilen, die die Fahrt dauern soll.

Denken Sie bei der Berechnung des Reisepreise auch daran, daß dem Passagier in der Regel noch Kosten für Deviationsversicherung, Ein- und Ausschiffung in Rechnung gestellt werden. Außerdem trägt der Kunde alle Kosten für Reiseversicherung, Reiserücktrittsversicherung, Visa-Gebühren, ärztliche Atteste sowie für Impfungen. Apropos: Sie sollten schon frühzeitig mit der Reederei klären, ob und welche ärztlichen Untersuchungen und Impfungen Sie durchführen lassen müssen.

Normalerweise müssen Passagier ab dem 65. Lebensjahr ein Attest vorweisen, manche Reedereien fordern ein solches unabhängig vom Alter. Besonders bei Suez- und Panamakanalpassagen muß man sich gegen Gelbfieber und Cholera impfen lassen.

## Routen um die Welt

Der Einsatz von Containerschiffen ermöglicht es einigen Reedereien, das ganze Jahr über einen regelmäßigen Liniendienst rund um die Welt anzubieten (fast immer in Westrichtung, also von Europa nach Panama und zum Stillen Ozean).

Diese Reisen mit ihren zahlreichen Anlaufhäfen auf mehreren Kontinenten dauern zwischen 70 und 130 Tagen. Meistens werden sie als Rundreisen um die Welt mit Rückkehr in ihren Einschiffungshafen angeboten. Es ist nicht ganz einfach, auf diesen Schiffen einen Platz für eine Teilstrecke zu bekommen, denn die Rundreisen sind vor allem bei Rentnern sehr beliebt. Das sollte Sie jedoch nicht davon abhalten, bei den Reedereien anzufragen, ob noch eine Kabine auf der von Ihnen gewünschten Teilstrecke frei ist (zum Beispiel zwischen Europa und dem Südpazifik).

## Auffinden eines Trampschiffes unterwegs

Die meisten Trampschiffe haben keine im voraus festgelegte Route. Ihre Wegstrecke und ihre Anlaufhäfen werden von Angebot und Nachfrage bestimmt. Die Frachter können jeden beliebigen Hafen der Welt anlaufen.

Möchten Sie mit einem „Tramp" reisen, müssen Sie sich daher mit den in dieser Branche tätigen Reedereien, insbesondere Egon Oldendorff, aber auch Mineral Shipping, in Verbindung setzen und sich nach der Position der Schiffe und deren Routen während der nächsten Wochen erkundigen. Die in diesem Buch aufgeführte Zusammenstellung dieser Reisen kann deshalb nur beispielhaft sein. Sie nennt Routen, die das Schiff zu einem bestimmten Zeitpunkt befährt und gibt eine ungefähre Vorstellung der Preise. Falls Sie nicht zu sehr auf ein bestimmtes Ziel festgelegt sind, gehen Sie doch einmal auf gut Glück an Bord. Auf Trampschiffen finden Sie preiswerte Angebote in alle Himmelsrichtungen.

## Erst klein dann groß

Wer erst eine *Probefahrt* unternehmen möchte, bevor er sich in das große Abenteuer stürzt, findet in diesem Führer eine Reihe von Kurzreisen auf der Nord- und Ostsee, dem Atlantik sowie dem Mittelmeer. Auf den kleinen, in der Küstenfahrt eingesetzten Schiffen ist alles (Kabine, Messe, Deckflächen) viel kleiner bemessen als auf den

Schiffen in der *großen Fahrt*. Jedoch besitzen sie den Vorteil, daß ihr Fahrplan zuverlässiger eingehalten wird. Kurzreisen vermitteln Ihnen vielleicht nicht die zeitlose Stimmung auf großer Fahrt. Sie geben Ihnen jedoch einen guten Vorgeschmack auf das Leben an Bord eines Frachtschiffes.

## Auf Fährtensuche

Es gibt zahlreiche Möglichkeiten, ein Schiff für seine zu Reise zu finden. Dieses Buch liefert Ihnen die Grundlagen dafür. Frachtschiffreisen unterliegen jedoch zahlreichen Veränderungen, die sich nicht vorhersehen lassen.

Es ist durchaus möglich, daß Sie noch andere Fahrtrouten und Schiffe entdecken.

Selbst wenn sich manche Angaben ändern, können Sie mit Hilfe dieses Führers den Faden zurückverfolgen und die Fahrpläne und Zeiten jener Reisen erfahren, für die Sie sich besonders interessieren.

Einen Frachter zu finden, kann das einfachste auf der Welt sein, denn es gibt Liniendienste mit mehreren Abfahrten pro Monat. Vielleicht entdecken Sie beim Durchblättern dieses Führers zufällig Ihre Traumreise… Natürlich können Sie auch eigene Recherchen anstellen und so zu neuen Lösungen oder unerwarteten Routen gelangen.

**TIP** Alle zweckdienlichen Angaben beruhen auf Informationen, die uns von den Reedereien und Reiseagenturen übermittelt wurden. (Stand: Januar 1997). Sie unterliegen ständigen Veränderungen. Da sich die Routen der Schiffe häufig ändern – und damit auch die Reisedauer und der Preis Schwankungen unterliegen – ,wenden Sie sich, wenn Sie den aktuellen Stand einer bestimmten Route erfahren möchten, an die angegebene Reederei oder die sie vertretende Agentur.

Planen Sie eine Frachtschiffreise, gestalten Sie Ihren Zeitplan so flexibel wie möglich und bauen Sie vor sowie nach der Reise genügend Reservetage ein, um Unregelmäßigkeiten des Schiffsbetriebs problemlos auffangen zu können. Wer eine Frachtschiffreise unternimmt, muß sich dem Schiff anpassen und nicht umgekehrt.

**Preise**

Der erste Preis ist jeweils der niedrigste, der zweite der höchste. Wird ein- und dasselbe Schiff einer Reederei von verschiedenen Agenten angeboten, ist jeweils das günstigste und das höchste Angebot aufgeführt.

Währungen: Die meisten Preise sind in Deutsche Mark (DM), in US-Dollar ($), Französische Franc (FF) oder Pfund Sterling (£) angegeben.

**Telefon**

Die Ländervorwahl ist nach der Telefonnummer aufgeführt. Bei Anrufen aus Deutschland entfällt anschließend die 0 der Ortsnetzkennzahl.

# 123 Reiserouten

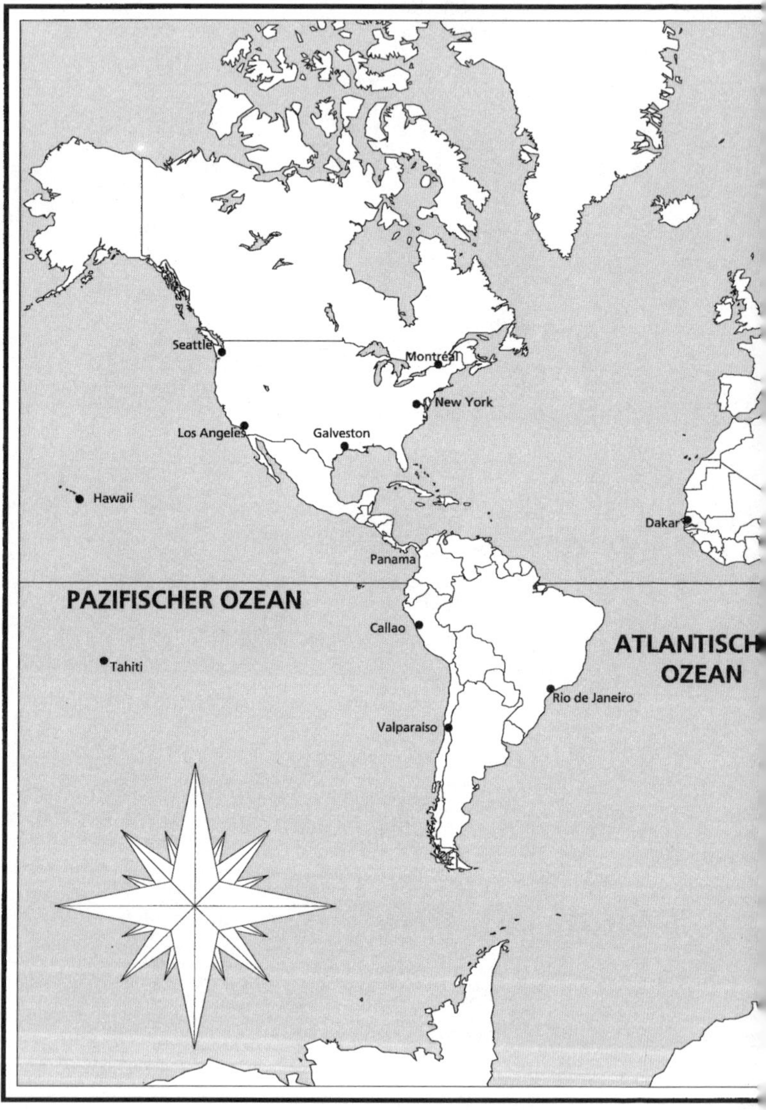
Seattle
Montréal
New York
Los Angeles
Galveston
Hawaii
Dakar
Panama
PAZIFISCHER OZEAN
Callao
ATLANTISCH
OZEAN
Tahiti
Rio de Janeiro
Valparaiso

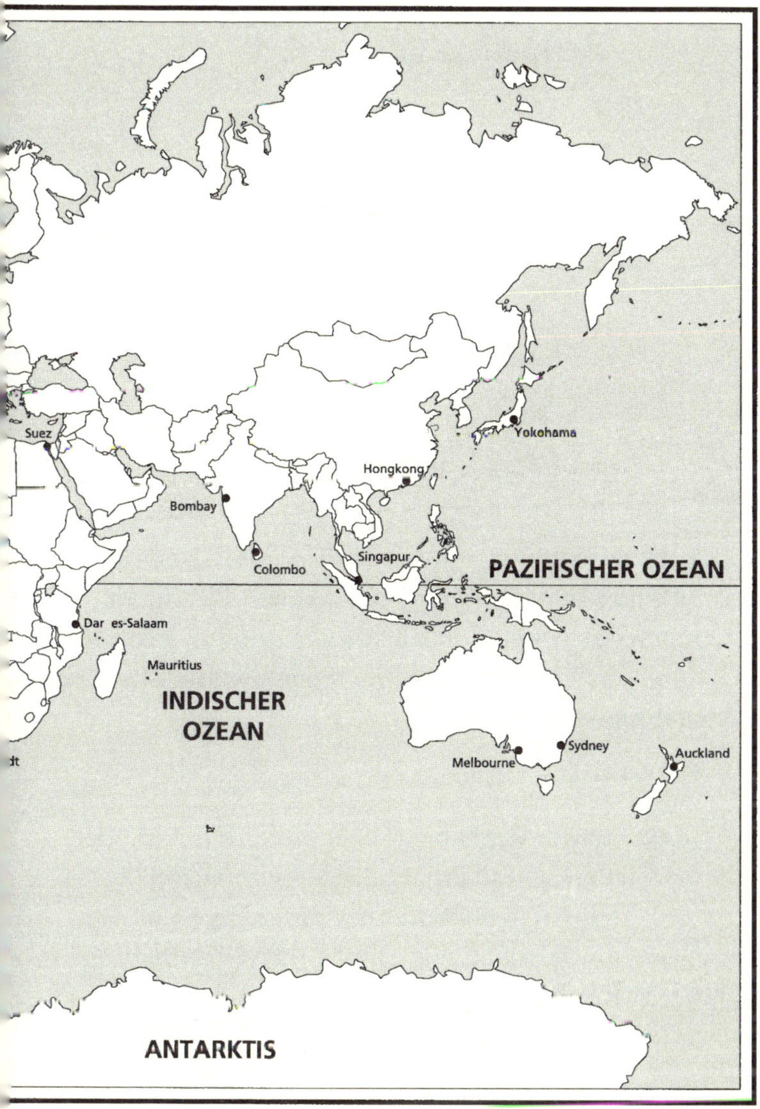
Suez
Bombay
Colombo
Hongkong
Yokohama
Singapur
PAZIFISCHER OZEAN
Dar es-Salaam
Mauritius
INDISCHER OZEAN
Sydney
Melbourne
Auckland
ANTARKTIS

# Reisen zwischen

## Europa

## & Kanada/USA

## Richtung Kanada

Der Passagier benötigt in der *großen Fahrt* einen Reisepass und holt die notwendigen Visas ein. Passagiere, die auf einem Frachtschiff in die USA einreisen, benötigen unbedingt ein Visum für die USA, auch wenn es nur ein Transitstopp ist.

**1** In der Regel belgischer, holländischer oder deutscher Hafen oder anderer europäischer Hafen Sept-Iles/Port-Cartier/Baie Comeau (St. Lorenz) manchmal auch Montreal/Quebec/Three Rivers und Sorel *Kanada* → Westeuropäischer Hafen

**EGON OLDENDORFF** **SEITE 196**

**2** Felixstowe *Großbritannien* → Antwerpen *Belgien* → Le Havre *Frankreich* → Montreal *Kanada* → Felixstowe *Großbritannien*

REEDEREI CANADA MARITIME

AGENTEN: HAMBURG-SÜD

KAPITÄN HOFFMANN — SEITEN 294, 317

**3** Reise an der Ostküste Kanadas: Rimouski → Sept-Iles → Port Menier (Ile Anticosti) → Havre-Saint-Pierre → Baie Johan Beetz → Natashquan → Kegashka → La Romaine → Harrington Harbour → Tête-à-la-Baleine → La Tabatière → Saint Augustin → Vieux-Fort → Blanc-Sablon → Vieux-Fort → Saint Augustin → La Tabatière → Tête-à-la-Baleine → Harrington Harbour → La Romaine → Kegashka → Natashquan → Baie Johan Beetz → Havre-Saint-Pierre → Port Menier → Sept-Iles → Rimouski

RELAIS NORDIK — SEITE 261

## Richtung Ostküste der USA

**4** La Spezia *Italien* → Fos-sur-mer *Frankreich* → Valencia *Spanien* → New York *USA* → Norfolk *Virginia USA* → Savannah *Georgia USA* → Valencia *Spanien* → La Spezia *Italien*

HAMBURG-SÜD, KAPITÄN HOFFMANN, KAPITÄN ZYLMANN — SEITEN 277, 294, 318

# Ostküste der USA und Kanada

**5** Genua *Italien* → Valencia → Algeciras *Spanien* → Charleston *South Carolina USA* → Port Everglades → Miami *Florida* → Veracruz *Mexiko* → Houston *Texas USA* → Miami → Port Everglades *Florida* → Charleston *South Carolina USA* → Algeciras *Spanien* → Genua *Italien*

HAMBURG-SÜD SEITE 319

**6** Rotterdam *Niederlande* → Wilmington *North Carolina USA* → Brunswick → Savannah *Georgia USA* → Rotterdam *Niederlande*

MINERAL SHIPPING SEITE 232

**7** Antwerpen *Belgien* → Chester *Pennsylvania* → Richmond *Virginia USA* → Antwerpen *Belgien*

KAPITÄN HOFFMANN

KAPITÄN ZYLMANN SEITEN 278, 295

# JEDEN TAG AM CAPTAIN'S TABLE

Was für ein Abenteuer. Schiffsreisen auf einem Frachter. Welch' ein Erlebnis. Das ist Zeit zum Genießen. Zeit zur Muße, Zeit zum Durchatmen. Zeit für sich selbst. Mit höchstens elf weiteren Passagieren bei hohem Komfort in fast jeden Hafen dieser Erde, oder einfach rundum. Kein ständiges Kofferpacken, kein dauerndes Umziehen. Und doch immer dabei. Immer dazugehörend. Zum Schiff mit modernster Technologie, zur teuren Ladung und zur professionellen, freundlichen Besatzung. Und am Abend zum Captain's Table. Reisen auf einem Frachtschiff. Das hat was! Rufen Sie uns an, oder schreiben Sie uns. Wir schicken Ihnen gerne unseren Prospekt.

FRACHTSCHIFF-REISEN-ZENTRUM HAMBURG-SÜD

Ost-West-Str. 59-61, 20457 Hamburg, Tel.: 040-3705-2593/2597, Fax: 040-37052420

**8** In der Regel belgischer, holländischer oder deutscher Hafen oder anderer europäischer Hafen → Norfolk/Newport News *Virginia* → manchmal: Baltimore *Maryland USA*/Philadelphia *Pennsylvania*/Newark *New Jersey* oder Boston *Massachusetts USA*

**EGON OLDENDORFF** **SEITE 198**

**9** In der Regel belgischer, holländischer oder deutscher Hafen oder anderer europäischer Hafen → New Orleans *Lousina*/ Mobile *Alabama*/Houston *Texas*/ Galveston *Texas*/Corpus Christi *Texas USA*

**EGON OLDENDORFF** **SEITE 198**

## Richtung Westküste der USA

**10** Genua *Italien* → La Guaira *Venezuela* → Los Angeles *Kalifornien USA* → Vancouver *Kanada* → Portland *Oregon USA* → Oakland *Kalifornien USA* → Los Angeles *Kalifornien USA* → Mazatlan → La Guaira *Venezuela* → Valencia *Spanien* → Genua *Italien*

**HAMBURG-SÜD**

**KAPITÄN HOFFMANN** **SEITE 296, 319**

Karibisches Meer
Atlantischer Ozean
Willemstad
Guaira
Maracaibo
Caracas
Port of Spain
Barranquilla
Cartagena
Costa Rica
Panama
Ciudad Guayana
San Cristobal
GUYANA
Georgetown
Paramaribo
Medellin
VENEZUELA
SURINAM
Cayenne
Bogota
Boa Vista
Französisch Guayana
Cali
KOLUMBIEN
Mitu
Macapa
Quito
ECUADOR
Guayaquil
Fonte Boa
Manaus
Santarem
Belem
Iquitos
Sao Luis
Fortaleza
Piura
Teresina
Natal
BRASILIEN
Trujillo
Rio Branco
Porto Velho
Porto Nacional
Recife
PERU
Callao
Lima
Aracaju
Cusco
BOLIVIEN
Salvador
Ica
Trinidad
Cuiaba
Brasilia
Arequipa
La Paz
Goiania
Cochabamba
Santa Cruz
Arica
Sucre
Belo Horizonte
Vitória
Iquique
PARAGUAY
Antofagasta
Sao Paulo
Rio de Janeiro
Santos
Asuncion
Curitiba
San Miguel de Tucuman
Resistencia
Florianopolis
Pazifischer Ozean
Porto Alegre
Cordoba
Salto
Rosario
Valparaiso
Mendoza
URUGUAY
Santiago
Montevideo
Buenos Aires
ARGENTINIEN
Concepcion
Mar del Plata
Bahia Blanca
CHILE
Atlantischer Ozean
Puerto Montt
San Carlos de Bariloche
Comodoro Rivadavia
Port Stanley
Ushuaia

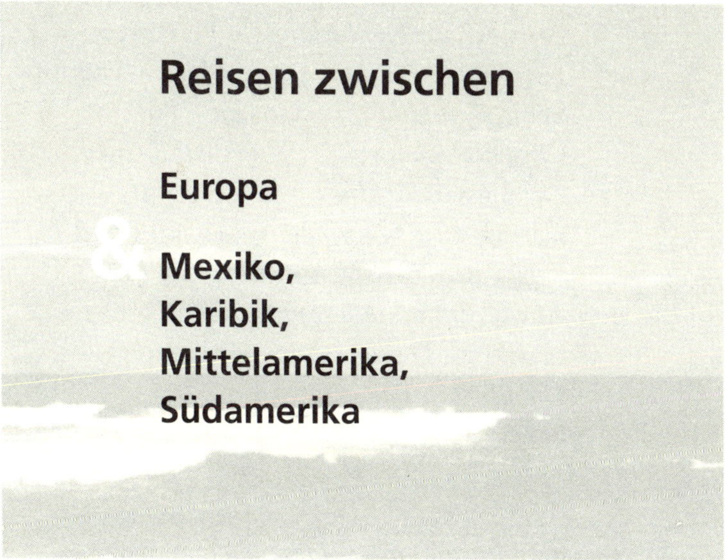

# Reisen zwischen

## Europa

## &

## Mexiko, Karibik, Mittelamerika, Südamerika

## 13

Amsterdam *Niederlande* → Le Havre *Frankreich* → Ponce *Puerto Rico* → Port of Spain *Trinidad* → La Guaira → Puerto Cabello *Venezuela* → Willemstad *Curacao* → Oranjestad *Aruba* → Santa Marta → Cartagena *Kolumbien* → Puerto Limón *Costa Rica* → Kingston *Jamaika* → Amsterdam *Niederlande* → Bremerhaven → Hamburg *Deutschland* → Felixstowe *Großbritannien*

**SAFEMARINE** **SEITE 263**

## 14

Hamburg *Deutschland* → Felixstowe *Großbritannien* → Le Havre *Frankreich* → eventuell Ponta Delgada *Azoren* → Fort-de-France *Martinique* → Bridgetown *Barbados* → Castries *St. Lucia* → Pointe-à-Pitre *Guadeloupe* → Puerto Moin *Costa Rica* → Santo Tomas de Castilla *Guatemala* → Dover *Großbritannien* → Antwerpen *Belgien* → Hamburg *Deutschland*

**HORN LINIE** **SEITE 213**

**15** Gdansk → eventuell Uddevalla *Schweden* → Kingston *Jamaika* → Puerto Cabello *Venezuela* → Cartagena *Kolumbien* → Puerto Limón *Costa Rica* → Puerto Cortés *Honduras* → Santo Tomas de Castilla *Guatemala* → New Orleans *Louisiana USA* → *Polen*

POLISH OCEAN LINE SEITE 254

## Richtung Ostküste Südamerikas

**16** Bremen *Deutschland* → Rotterdam *Niederlande* → Felixstowe *Großbritannien* → Bilbao *Spanien* → Paramaribo *Surinam* → Georgetown *Guyana* → Port of Spain *Trinidad* → La Guaira → Puerto Cabello *Venezuela* → Willemstad *Curacao* → Oranjestad *Aruba* → Cartagena → Santa Marta *Kolumbien* → Rio Haina *Dominikanische Republik* → Bremen *Deutschland*

LEONHARDT & BLUMBERG SEITE 223

**17** Antwerpen *Belgien* → Manaus → Belem *Brasilien* → Rouen/Honfleur *Frankreich* → Bremen *Deutschland*

KAPITÄN ZYLMANN

KAPITÄN HOFFMANN SEITEN 278, 297

## 18

Genua/Livorno *Italien* → Marseille *Frankreich* → Barcelona *Spanien* → Vitoria → Santos *Brasilien* → Buenos Aires *Argentinien* → Montevideo *Uruguay* → Sao Francisco do Sul → Santos → Vitoria/Salvador *Brasilien* → Santa Cruz *Teneriffa Kanarische Inseln* → Las Palmas *Cran Canaria Kanarische Inseln* → Valencia/Barcelona *Spanien* → Neapel → Livorno/Genua *Italien*

**Hamburg-Süd**

**Kapitän Hoffmann**

**Kapitän Zylmann** **Seiten 279, 298, 320**

## 19

Tilbury *Großbritannien* → Hamburg → Bremerhaven *Deutschland* → Antwerpen *Belgien* → Le Havre *Frankreich* → Lissabon *Portugal* → Rio de Janeiro → Santos *Brasilien* → Buenos Aires *Argentinien* → Montevideo *Uruguay* → Itajai → Paranagua → Santos *Brasilien* → Rotterdam *Niederlande* → Tilbury *Großbritannien* → Hamburg → Bremerhaven *Deutschland* → Antwerpen *Belgien* → Le Havre *Frankreich* → Rotterdam *Niederlande* → Tilbury *Großbritannien*

**Blue Star Line** **Seite 180**

**20** Hamburg *Deutschland* → Antwerpen *Belgien* → Algeciras *Spanien* → Rio de Janeiro → Santos *Brasilien* → Buenos Aires *Argentinien* → Rio Grande → Sao Francisco do Sul → Paranagua → Santos *Brasilien* → Algeciras *Spanien* → Rotterdam *Niederlande* → Felixstowe *Großbritannien* → Hamburg *Deutschland*

MARTIME — SEITE 227

**21** Hamburg *Deutschland* → Antwerpen *Belgien* → Bilbao *Spanien* → Santos *Brasilien* → Buenos Aires *Argentinien* → Montevideo *Uruguay* → Rio Grande → Itajai → Santos → Rio de Janeiro *Brasilien* → Rotterdam *Niederlande* → Felixstowe *Großbritannien* → Hamburg *Deutschland*

LEONHARD & BLUMBERG — SEITEN 224

**22** Hamburg *Deutschland* → Antwerpen *Belgien* → Le Havre *Frankreich* → Vitoria *Brasilien* → Buenos Aires *Argentinien* → Santos → Paranagua → Rio de Janeiro *Brasilien* → Amsterdam *Niederlande* → Hamburg *Deutschland*

GRIMALDI LINES — SEITE 206

**23** Genua *Italien* → Barcelona *Spanien* → Rio de Janeiro → Santos → Paranagua → Itajai *Brasilien* → Livorno → Genua *Italien*

GRIMALDI LINES SEITE 206

**24** Gdansk (Danzig) *Polen* → Uddevalla *Schweden* → Santos *Brasilien* → Montevideo *Uruguay* → Buenos Aires *Argentinien* → Rotterdam *Niederlande* → Gdansk (Danzig) *Polen*

POLISH OCEAN LINES SEITE 255

## Richtung Westküste Südamerikas

**25** Livorno *Italien* → Valencia *Spanien* → San Juan *Puerto Rico* → eventuell Cartagena *Kolumbien* → Panamakanal → Guayaquil *Ecuador* → Panamakanal → Cartagena → Santa Marta *Kolumbien* → San Juan *Puerto Rico* → Livorno *Italien*

LEONHARDT & BLUMBERG SEITE 225

**26** Gdansk *Polen* → Hamburg *Deutschland* → Antwerpen *Belgien* → Panamakanal → Guayaquil *Ecuador* → Callao *Peru* → eventuell Arica und Antofagasta → Valparaiso *Chile* → weitere südamerikanische Häfen → westeuropäischer Hafen → Gdansk *Polen*

**POLISH OCEAN LINES** **SEITE 256**

**27** Hamburg *Deutschland* → Antwerpen *Belgien* → Felixstowe *Großbritannien* → Bilbao *Spanien* → Cartagena *Kolumbien* → Panamakanal → Buenaventura *Kolumbien* → Guayaquil *Ecuador* → Callao *Peru* → Arica/Iquique *Chile* → Valparaiso → Lirquén → Antofagasta *Chile* → Guayaquil *Ecuador* → Buenaventura *Kolumbien* → Panamakanal → Cartagena *Kolumbien* → Bilbao *Spanien* → eventuell: Dünkirchen *Frankreich* → Rotterdam *Niederlande* → Hamburg *Deutschland*

**REEDEREI „NORD"**
**AGENT: KAPITÄN ZYLMANN** **SEITE 280**

**28** Hamburg *Deutschland* → Felixstowe *Großbritannien* → Antwerpen *Belgien* → Le Havre *Frankreich* → Bilbao *Spanien* → Kingston *Jamaika* → Cristobal *Panama* → Buenaventura *Kolumbien* → Guayaquil *Ecuador* → Callao *Peru* → Arica → Valparaiso *Chile* → Callao → Paita *Peru* → Guayaquil *Ecuador* → Buenaventura *Kolumbien* → Cristobal *Panama* → Kingston *Jamaika* → Bilbao *Spanien* → Amsterdam *Niederlande* → Hamburg *Deutschland*

**Hamburg-Süd** **Seite 321**

**29** Hamburg *Deutschland* → Antwerpen *Belgien* → Felixstowe *Großbritannien* → Bilbao *Spanien* → Panamakanal → Guayaquil *Ecuador* → Callao *Peru* → Iquique → Arica → Valparaiso → Talcahuano → Antofagasta *Chile* → Callao *Peru* → Buenaventura *Kolumbien* → Guayaquil → Panamakanal → Bilbao *Spanien* → Liverpool *Großbritannien* → Dünkirchen *Frankreich* → Rotterdam *Niederlande* → Hamburg *Deutschland*

**Egon Oldendorff** **Seite 199**

Genua
Barcelona
Lissabon
Tanger
Casablanca
Kanarische Inseln
Pyräus
Haifa
Port-Said
Suez
Akaba
Yambu al Bahr
Dschidda
Port Sudan
Dakar
Djibouti
Conakry
Freetown
Monrovia
Abidjan
Accra
Lomé
Lagos
Douala
Port Gentil
Mogadishu
Boma
Luanda
Mombasa
Dar es-Salaam
Atlantischer Ozean
Sankt Helena
Mauritius
Beira
Maputo
Durban
Kapstadt
Port Elizabeth
Indischer Ozean

# Reisen zwischen

## Europa

## &

## Mittelmeerländern,
## Afrika,
## Atlantik,
## Rotes Meer,
## Naher und Ferner Osten,
## Inseln im Indischen Ozean

## Richtung Mittelmeerländer und Naher Osten

**30** Rotterdam *Niederlande* → Ceuta → Melilla (spanische Enklaven an der marokkanischen Mittelmeerküste) → Cartagena *Spanien* → Felixstowe *Großbritannien* → Rotterdam *Niederlande*

**O. P. D. R.** **Seite 248**

**31** Felixstowe *Großbritannien* → Hamburg *Deutschland* → Rotterdam *Niederlande* → Antwerpen *Belgien* → Piräus *Griechenland* → Istanbul *Türkei* → Saloniki *Griechenland* → Izmir *Türkei* → Salerno *Italien* → Felixstowe *Großbritannien*

**Hamburg-Süd**

**Kapitän Hoffmann** **Seiten 298, 322**

**32** Rotterdam *Niederlande* → Felixstowe *Großbritannien* → Lissabon *Portugal* → Algeciras *Spanien* → Gioia Tauro *Italien* → Piräus *Griechenland* → Gioia Tauro → Neapel *Italien* → Algeciras *Spanien* → Lissabon *Portugal* → Bilbao *Spanien* → Rotterdam *Niederlande*

**Kapitän Hoffmann** **Seite 299**

**33** Felixstowe *Großbritannien* → Hamburg *Deutschland* → Rotterdam *Niederlande* → Antwerpen *Belgien* → Tunis *Tunesien* → Alexandria → Port Said *Ägypten* → Beirut *Libanon* → Tartus *Syrien* → Mersin → Izmir *Türkei* → Salerno *Italien* → Felixstowe *Großbritannien*

**Hamburg-Süd**

**Kapitän Hoffmann**

**Kapitän Zylmann** **Seiten 281, 299, 322**

**34** Hamburg *Deutschland* → Gdansk *Polen* → eventuell: Casablanca *Marokko* → Alexandria *Ägypten* → Beirut *Libanon* → Latakia *Syrien* → Gdansk *Polen*

**POLISH OCEAN LINES** **SEITE 257**

**35** Hamburg *Deutschland* → Limassol *Zypern* → Ashdod → Haifa *Israel* → Felixstowe *Großbritannien* → Antwerpen *Belgien* → Rotterdam *Niederlande* → Hamburg *Deutschland*

**HAMBURG-SÜD**

**KAPITÄN HOFFMANN**

**KAPITÄN ZYLMANN** **SEITEN 281, 300, 323**

**36** Hamburg *Deutschland* → Rotterdam *Niederlande* → Antwerpen *Belgien* → Gibraltar → Piräus *Griechenland* → Limassol *Zypern* → Alexandria *Ägypten* → Ashdod → Haifa *Israel* → Tartus *Syrien* → Izmir *Türkei* → Piräus *Griechenland* → Salerno *Italien* → Gibraltar → Tilbury *Großbritannien* → Hamburg *Deutschland*

**HAMBURG-SÜD**

**KAPITÄN HOFFMANN** **SEITEN 301, 323**

**37** Göteborg *Schweden* → Antwerpen *Belgien* → Southampton *Großbritannien* → *Malta* → Piräus *Griechenland* → Ashdod *Israel* → Limassol *Zypern* → Palermo → Salerno → Savona *Italien* → Barcelona *Spanien* → Setubal *Portugal* → Avonmouth *Großbritannien* → Emden *Deutschland* → Göteborg *Schweden*

**GRIMALDI** **SEITE 207**

## Richtung Atlantik, West- und Südafrika

**38** Rotterdam *Niederlande* → Bilbao *Spanien* → Le Havre *Frankreich* → Felixstowe *Großbritannien* → Rotterdam *Niederlande*

**HAMBURG-SÜD**

**KAPITÄN ZYLMANN** **SEITEN 282, 324**

**39** Portugalfahrt:

**ROUTE 1:** Rotterdam *Niederlande* → Lissabon → Leixoes *Portugal* → Felixstowe → Southampton *Großbritannien* → Lissabon → Leixoes *Portugal* → Felixstowe *Großbritannien* → Rotterdam *Niederlande*

**Route 2:** Rotterdam *Niederlande* → Lissabon → Leixoes *Portugal* → Vigo *Spanien* → Le Havre *Frankreich* → Antwerpen *Belgien*

**Route 3:** Antwerpen *Belgien* → Leixoes → Lissabon *Portugal* → Rotterdam *Niederlande*

**Route 4:** Rotterdam *Niederlande* → Lissabon → Leixoes *Portugal* → Rotterdam *Niederlande*

**Kapitän Hoffmann**

**Kapitän Zylmann** **Seiten 282, 301**

## 40

Hamburg *Deutschland* → Felixstowe *Großbritannien* → Rotterdam *Niederlande* → Funchal *Madeira/Portugal* → Las Palmas *Cran Canaria/Kanarische Inseln* → Santa Cruz *Teneriffa/Kanarische Inseln* → eventuell: Arrecife *Lanzarote/Kanarische Inseln* und Casablanca *Marokko* → Cadiz *Spanien* → Hamburg *Deutschland*

**O. P. D. R.** **Seite 249**

41 Szczecin (Stettin) *Polen* → eventuell Antwerpen *Belgien* → eventuell Banjul *Gambia* → Tema *Ghana* → Lagos *Nigeria* → eventuell weitere westafrikanische Häfen → eventuell westeuropäischer Hafen → Szczecin (Stettin) *Polen*

**Euroafrica Shipping Line**

**Agent: Hamburg-Süd**

**Kapitän Hoffmann** **Seiten 303, 324**

42 Amsterdam *Niederlande* → Hamburg *Deutschland* → Tilbury *Großbritannien* → Antwerpen *Belgien* → Le Havre *Frankreich* → Dakar *Senegal* → Abidjan *Elfenbeinküste* → Lome *Togo* → Cotonou *Benin* → Lagos *Nigeria* → Tema *Ghana* → Abidjan *Elfenbeinküste* → Amsterdam *Niederlande*

**Grimaldi Lines** **Seite 208**

43 Antwerpen *Belgien* → Felixstowe *Großbritannien* → Rouen → Le Havre → Montoir *Frankreich* → Dakar *Senegal* → Abidjan *Elfenbeinküste* → Tema *Ghana* → Cotonou *Benin* → Lagos *Nigeria* → Douala *Kamerun* → Tema *Ghana* → Abidjan *Elfenbeinküste* → Dakar *Senegal* → Montoir → Le Havre *Frankreich* → Antwerpen *Belgien*

**Hamburg-Süd** **Seite 325**

**44** Antwerpen *Belgien* → Nouakchott *Mauretanien* → Dakar *Senegal* → Banjul *Gambia* → Abidjan *Elfenbeinküste* → Tema *Ghana* → Cotonou *Benin* → Lagos → Port Harcourt *Nigeria* → Douala *Kamerun* → eventuell Takoradi *Ghana* → Abidjan *Elfenbeinküste* → Le Havre *Frankreich* → Thamesport *Großbritannien* → Antwerpen *Belgien*

**HAMBURG-SÜD**

**KAPITÄN HOFFMANN** **SEITEN 304, 326**

**45** Marseille *Frankreich* → Barcelona *Spanien* → Lagos *Nigeria* → Luanda *Angola* → Matadi *Zaire* → Douala *Kamerun* → Valencia *Spanien* → Salerno → Livorno → Genua *Italien* → Marseille *Frankreich*

**EGON OLDENDORFF** **SEITE 200**

**46** La Spezia *Italien* → Barcelona *Spanien* → Lissabon *Portugal* → Abidjan *Elfenbeinküste* → Luanda *Angola* → Kapstadt → Durban → Port Elizabeth → Kapstadt *Südafrika* → eventuell Luanda *Angola* → Abidjan *Elfenbeinküste* → Lissabon *Portugal* → Valencia *Spanien* → Gioia Tauro → La Spezia *Italien*

**HAMBURG-SÜD** **SEITE 327**

**47** Tilbury *Großbritannien* → Le Havre *Frankreich* → Kapstadt → Port Elizabeth → Durban → Port Elizabeth → Kapstadt *Südafrika* → Zeebrügge *Belgien* → Le Havre *Frankreich* → Tilbury *Großbritannien*

**P & O Nedlloyd** **Seite 250**

**48** Cardiff *Großbritannien* → Teneriffa *Kanarische Inseln* → Georgetown *Ascencion-Inseln* → Jamestown *Sankt-Helena* → Georgetown *Ascencion-Inseln* → Jamestown *Sankt-Helena* → Kapstadt *Südafrika* → Jamestown *Sankt-Helena* → Georgetown *Ascencion-Inseln* → Jamestown *Sankt-Helena* → Banjul *Gambia* → *Teneriffa/ Kanarische Inseln* → Cardiff *Großbritannien*
einmal pro Jahr: Kapstadt *Südafrika* → Edinburgh Settlement *Tristan da Cunha* → Kapstadt *Südafrika*
weitere Reisen:
Kapstadt *Südafrika* → Jamestown *Sankt-Helena* → Kapstadt *Südafrika*

**St. Helena Shipping Company**
**Curnow Shipping Ltd.** **Seite 267**

**49** Tilbury *Großbritannien* → Le Havre *Frankreich* → Kapstadt → Port Elizabeth → Durban → Port Elizabeth → Kapstadt *Südafrika* → Zeebrügge *Belgien* → Le Havre *Frankreich* → Tilbury *Großbritannien*

**Safmarine** **Seite 264**

**50** Hamburg/Emden *Deutschland* → Felixstowe *Großbritannien* → Antwerpen *Belgien* → Kapstadt → Port Elizabeth → Durban → Kapstadt *Südafrika* → Rotterdam *Niederlande* → Hamburg *Deutschland*

**NSB** **Seite 237**

**51** Hamburg → Emden *Deutschland* → Felixstowe *Großbritannien* → Antwerpen *Belgien* → Kapstadt → Port Elizabeth → Durban → Kapstadt *Südafrika* → Rotterdam *Niederlande* → Hamburg *Deutschland*

**Hamburg-Süd**

**Kapitän Hoffmann**

**Kapitän Zylmann** **Seiten 284, 304, 327**

## Richtung Rotes Meer, Ostafrika und Inseln des Indischen Ozeans

**52** Hamburg *Deutschland* → Felixstowe *Großbritannien* → Montoir → Marseilles *Frankreich* → *Réunion* → Toamasina *Madagaskar* → Dar es-Salaam *Tansania* → Mombasa *Kenia* → Marseilles *Frankreich* → Antwerpen *Belgien* → Hamburg *Deutschland*

HAMBURG-SÜD

SEITE 328

**53** Hamburg *Deutschland* → Antwerpen *Belgien* → Felixstowe *Großbritannien* → Fos-sur-mer *Frankreich* → Suezkanal → Djibouti *Djibouti* → Dar es-Salaam *Tansania* → Mombasa *Kenia* → Djibouti *Djibouti* → Port Sudan *Sudan* → Suezkanal → Hamburg *Deutschland*

HAMBURG-SÜD

KAPITÄN HOFFMANN

KAPITÄN ZYLMANN

SEITEN 284, 305, 329

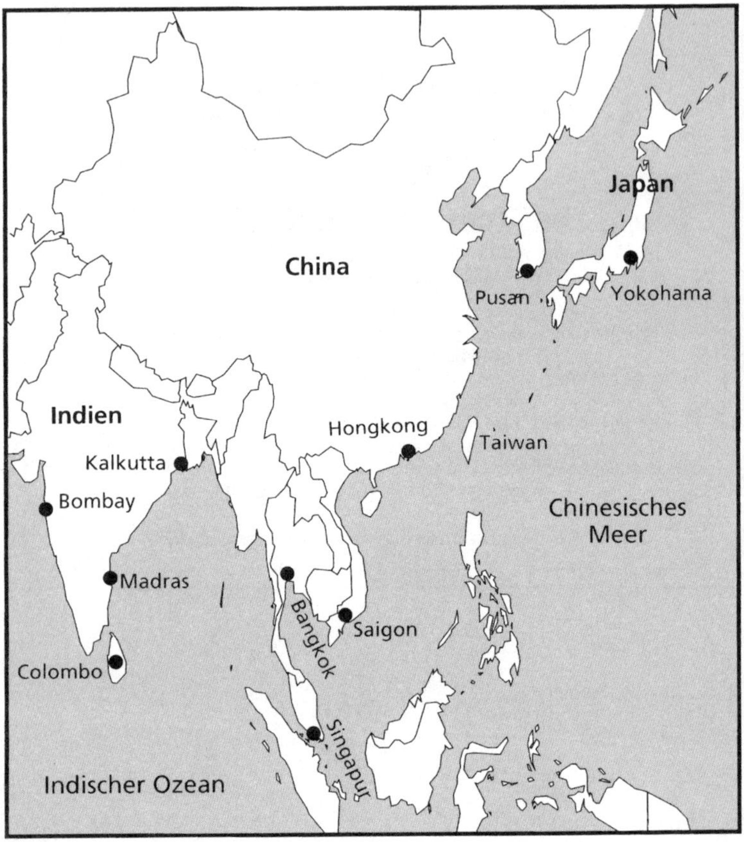
China
Japan
Pusan
Yokohama
Indien
Hongkong
Taiwan
Kalkutta
Bombay
Chinesisches
Meer
Madras
Bangkok
Saigon
Colombo
Singapur
Indischer Ozean

# Reisen zwischen

## Europa

## &

## Indien,
## Asien,
## Ferner Osten,
## Australien,
## Neuseeland,
## Pazifik

## Richtung Indien

**54** Hamburg *Deutschland* → Antwerpen *Belgien* → Gioia Tauro *Italien* → Port Said → Suezkanal *Ägypten* → Dubai *Vereinigte Arabische Emirate* → Karachi *Pakistan* → Nhava Sheva *Indien* → Suezkanal → Gioia Tauro *Italien* → Felixstowe *Großbritannien* → Hamburg *Deutschland*

**NSB** **Seite 237**

## 55

Hamburg *Deutschland* → Felixstowe *Großbritannien* → Rotterdam *Niederlande* → Suezkanal → Al Fujayrah *Vereinigte Arabische Emirate* → Karachi *Pakistan* → Bombay *Indien* → Karachi *Pakistan* → Suezkanal → Hamburg *Deutschland*

**Reederei „Nord"**

**Agent: Kapitän Zylmann** **Seite 285**

## 56

Hamburg *Deutschland* → Rotterdam *Niederlande* → Piräus *Griechenland* → Suezkanal → Akaba *Jordanien* → Dschidda *Saudi-Arabien* → Hodeida *Yemen* → Karachi *Pakistan* → Bombay *Indien* → Suezkanal → Damietta *Ägypten* → Valencia *Spanien* → Thamesport *Großbritannien* → Hamburg *Deutschland*

**Transeste** **Seite 270**

## Richtung Südostasien, Ferner Osten, Australien und Neuseeland

**57** Hamburg *Deutschland* → Rotterdam *Niederlande* → Isle of Grain *Großbritannien* → Antwerpen *Belgien* → Le Havre *Frankreich* → Damietta *Ägypten* → Suezkanal → Dschidda *Saudi-Arabien* → Khor Fakkan *Vereinigte Arabische Emirate* → *Singapur* → Manila *Philippinen* → Inchon → Pusan *Südkorea* → Shanghai → Chiwan *China* → *Hongkong* → *Singapur* → Suezkanal → Port Said *Ägypten* → Le Havre *Frankreich* → Hamburg *Deutschland*

**NSB** **Seite 238**

**58** La Spezia → Gioia Tauro *Italien* → Suezkanal → Dschidda *Saudi-Arabien* → Khor Fakkan *Vereinigte Arabische Emirate* → *Singapur* → Pusan *Südkorea* → Kaohsiung *Taiwan* → *Hongkong* → *Singapur* → Dschidda *Saudi-Arabien* → Gioia Tauro → La Spezia *Italien*

**NSB** **Seite 239**

**59** Genua *Italien* → Haifa *Israel* → Colombo *Sri Lanka* → *Singapur* → *Hongkong* → Pusan *Südkorea* → Quindao → Shanghai *China* → *Hongkong* → *Singapur* → Colombo *Sri Lanka* → Ashdod *Israel* → Barcelona *Spanien* → Genua *Italien*

**HAMBURG-SÜD**

**KAPITÄN HOFFMANN** **SEITEN 306, 329**

**60** Hamburg *Deutschland* → Felixstowe *Großbritannien* → Rotterdam *Niederlande* → Le Havre *Frankreich* → Algeciras *Spanien* → *Suezkanal* → Dschidda *Saudi-Arabien* → Port Kelang *Malaysia* → *Singapur* → *Hongkong* → Hakata *Japan* → Pusan *Südkorea* → Shanghai *China* → *Hongkong* → Yantian *China* → *Singapur* → *Suezkanal* → Algeciras *Spanien* → Rotterdam *Niederlande* → Hamburg *Deutschland*

**LEONHARDT & BLUMBERG** **SEITE 226**

**61** Hamburg *Deutschland* → Rotterdam *Niederlande* → La Spezia *Italien* → Suez *Ägypten* → Fremantle → Melbourne → Sydney *Australien* → Auckland *Neuseeland* → Melbourne → Fremantle *Australien* → *Singapur* → Suez → Port Said *Ägypten* → Piräus *Griechenland* → La Spezia *Italien* → Zeebrügge *Belgien* → Tilbury *Großbritannien* → Hamburg *Deutschland*

**NSB** **SEITE 240**

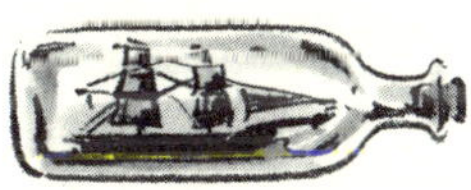

**62** La Spezia *Italien* → Fos-sur-Mer *Frankreich* → Barcelona *Spanien* → Piräus *Griechenland* → Suezkanal → Fremantle → Melbourne → Sydney *Australien* → Auckland → Napier → Wellington → Port Chalmers *Neuseeland* → eventuell Burnie → Melbourne → Fremantle *Australien* → *Singapur* → Colombo *Sri Lanka* → Dschidda *Saudi-Arabien* → Suezkanal → Port Said *Ägypten* → Piräus *Griechenland* → Salerno → La Spezia *Italien*

**MARTIME** **SEITE 228**

Europäisches Nordmeer
Hammerfest
Narvik
Kiruna
Reykjavik
Island
Schweden
Faröer-Inseln
Torshavn
Trondheim
Finnland
Sundsvall
Norwegen
Tampere
Helsinki
Bergen
Gavle
Oslo
Stockholm
Aberdeen
Nordsee
Göteborg
Edinburgh
Riga
Belfast
Dänemark
Ostsee
Århus
Irland
Newcastle
Kopenhagen
Dublin
Gdynia
Liverpool
Danzig
Rostock
G.B.
Nieder-
lande
Bremen
Hamburg
Cardiff
Posen
Hannover
Berlin
Amsterdam
London
Felixstowe
Warschau
Deutschland
Polen
Antwerpen
Leipzig
Bonn
Belgien
Le Havre

# Reisen zwischen

## Europa

## & Skandinavien, Polen, Baltikum, Rußland, Irland, Großbritannien

### Skandinavien

**63** Küstenreise Norwegen: Bergen → Florö → Malöy → Torvik → Alesund → Molde → Kristiansund → Trondheim → Rörvik → Bronnoysund → Sandnessjöen → Nesna → Örnes → Bodö → (Lofoten: Stamsund, Svolvaer, Stokmarknes, Sortland, Risöyhamn, Harstad) → Finnsnes → Tromsö → Skjervöy → Öksfjord → Hammerfest → Havöysund → Honningsvag → Kjöllefjord → Mehamn → Berlevag → Batsfjord → Vardö → Vadsö → Kirkenes → auf fast identischer Route zurück nach Bergen

**Hurtigruten** **Seite 215**

**64** Hamburg *Deutschland* → Aarhus → Kopenhagen *Dänemark* → Helsingborg → Göteborg *Schweden* → Fredriksstad → Thorshavn *Norwegen* → Reykjavik *Island*

ICELANDIC STEAMSHIP COMPANY SEITE 218

**65** Lübeck *Deutschland* → finnischer Hafen (z.B. Kotka, Hamina, Hanko, Rauma, Olou) → Skagen *Dänemark* → englischer Hafen (z.B. Blyth, Convoys) → Lübeck/Kiel *Deutschland*

REEDEREI RUSS

AGENT: KAPITÄN ZYLMANN SEITE 286

**66** Hamburg → eventuell Bremerhaven *Deutschland* → Nordostseekanal → finnischer Hafen (z.B. Kotka oder Helsinki) → Nordostseekanal → Bremerhaven → Hamburg *Deutschland*

KAPITÄN HOFFMANN

KAPITÄN ZYLMANN SEITEN 286, 306

**67** Hamburg → Bremerhaven *Deutschland* → Kopenhagen *Dänemark* → Malmö → Helsingborg *Schweden* → Nordostseekanal → Hamburg *Deutschland*

KAPITÄN ZYLMANN SEITE 287

**68** Bremerhaven → Hamburg *Deutschland* → Nordostseekanal → Turku → Mäntyluoto (bottnischer Meerbusen) → Hamburg *Deutschland*

**KAPITÄN HOFFMANN**

**KAPITÄN ZYLMANN** **SEITEN 287, 307**

**69** Dänischer Hafen (z.B. Horsenes oder Frederica) → finnischer Hafen (z.B. Kotka oder Hamina) → dänischer Hafen

**KAPITÄN ZYLMANN** **SEITE 288**

**70** Rotterdam *Niederlande* → Haugesund → Bergen → Florö → Malöy → Alesund *Norwegen* → Rotterdam *Niederlande*

**FRACHTSCHIFFREISEN PFEIFFER**

**KAPITÄN HOFFMANN** **SEITEN 307, 333**

**71** Rotterdam *Niederlande* → Alesund/ Thamshavn → Glomfjord → Salten (nahe der Lofoten) → Alesund *Norwegen* → Rotterdam *Niederlande*

**KAPITÄN ZYLMANN** **SEITE 288**

**72** Hamburg *Deutschland* → Rotterdam *Niederlande* → Antwerpen *Belgien* → Helsinki → Kotka *Finnland* → Nordostseekanal → Hamburg *Deutschland*

**KAPITÄN HOFFMANN** **SEITE 308**

**73** Rotterdam *Niederlande* → Göteburg *Schweden* → Felixstowe *Großbritannien* → Antwerpen *Belgien* → Rotterdam *Niederlande*

**KAPITÄN HOFFMANN** **SEITE 308**

**74** Bremerhaven → Hamburg *Deutschland* → Nordostseekanal → Helsinki *Finnland* → Bremerhaven *Deutschland*

**KAPITÄN HOFFMANN** **SEITE 309**

**75** Nordostseekanal → Vastervik *Schweden* → Kalajoko *Finnland* → Hull *Großbritannien* → Nordostseekanal

**HAMBURG-SÜD** **SEITE 330**

**76** Hamburg → Bremerhaven *Deutschland* → Gdansk *Polen* → Hamburg *Deutschland* eventuell wird ein finnischer Hafen angelaufen

**HAMBURG-SÜD**

**KAPITÄN HOFFMANN** **SEITEN 309, 331**

**77** Kiel *Deutschland* → Goole, Humber River (ca. 50 Kilometer aufwärts mit Durchfahrt der größten Hängebrücke der Welt) *Großbritannien* → Kiel *Deutschland* → Södertälje (150 Kilometer durch die Schären der Mälaren Seen) → Västeras *Schweden* → Kiel *Deutschland*

**KAPITÄN HOFFMANN** **SEITE 310**

**78** Hamburg → Bremerhaven *Deutschland* → Oslo → Moos → Oslo → Kristiansund *Norwegen* → Hamburg *Deutschland*

**FRACHTSCHIFFREISEN PFEIFFER** **SEITE 334**

**79** Rotterdam *Niederlande* → Oslo → Moos *Norwegen* → Lysekil *Schweden* → Kristiansund *Norwegen* → Boston *Großbritannien* → Rotterdam *Niederlande*

**FRACHTSCHIFFREISEN PFEIFFER** **SEITE 334**

**80** Hamburg *Deutschland* → Aarhus → Kopenhagen *Dänemark* → Malmö → Göteborg *Schweden* → Oslo *Norwegen* → Bremerhaven → Hamburg *Deutschland*

FRACHTSCHIFFREISEN PFEIFFER SEITE 335

## Polen, Baltenstaaten, Rußland

**81** Hamburg *Deutschland* → Nordostsee-kanal/Skagen *Dänemark* → Gdansk *Polen* → Nordostseekanal/Skagen → Bremerhaven → Hamburg *Deutschland*

KAPITÄN ZYLMANN SEITE 289

**82** Papenburg *Deutschland* → Antwerpen *Belgien* → Tallin → Muuga *Estland* → Rostock → Papenburg oder Bremen *Deutschland* → Kaliningrad (Königsberg) *Rußland* → Klaipeda *Litauen* → Bremen *Deutschland*

FRACHTSCHIFFREISEN PFEIFFER SEITE 335

**83** Hamburg *Deutschland*/Rotterdam *Niederlande* → Helsinki *Finnland* → Sankt Petersburg *Rußland* → Teesport *Großbritannien* → Hamburg *Deutschland* → Rotterdam *Niederlande*

HAMBURG-SÜD

KAPITÄN HOFFMANN SEITEN 310, 331

## Richtung Großbritannien, Irland

**84** Hamburg/Stadersand *Deutschland* → je nach Ladung Häfen wie: Rotterdam *Niederlande* → Belfast *Nordirland* → Cork *Irland* → Southampton *Großbritannien* → Le Havre *Frankreich* → Antwerpen *Belgien* → Hamburg/Stadersand *Deutschland*

KAPITÄN ZYLMANN SEITE 289

**85** Rotterdam *Niederlande* → Antwerpen *Belgien* → Cork → Dublin → Cork *Irland* → eventuell Felixstowe *Großbritannien* → Rotterdam *Niederlande*

KAPITÄN HOFFMANN

KAPITÄN ZYLMANN SEITEN 290, 311

**86** Rotterdam *Niederlande* → Dublin *Irland* → Warrenpoint *Irland* → Rotterdam *Niederlande*

KAPITÄN HOFFMANN

KAPITÄN ZYLMANN SEITEN 291, 311

**87** Rotterdam *Niederlande* → Dublin → Cork *Irland* → Thamesport *Großbritannien* → Rotterdam *Niederlande*

KAPITÄN HOFFMANN

KAPITÄN ZYLMANN SEITEN 291, 312

**88** Rotterdam *Niederlande* → Thamesport *Großbritannien* → Cork *Irland* → Belfast *Nordirland* → Dublin *Irland* → Southampton *Großbritannien* → Rotterdam *Niederlande*

KAPITÄN ZYLMANN SEITE 292

**89** Rotterdam *Niederlande* → Cork → Dublin *Irland* → Belfast *Nordriland* → Southampton *Großbritannien* → Rotterdam *Niederlande*

HAMBURG-SÜD

KAPITÄN HOFFMANN SEITEN 312, 332

# Reisen rund um die Welt

**90** Hamburg *Deutschland* → Rotterdam *Niederlande* → Dünkirchen → Le Havre *Frankreich* → New York *USA* → Norfolk *Virginia USA* → Charleston *South Carolina USA* → Panamakanal → Papeete *Tahiti* → Noumea *Neukaledonien* → Auckland *Neuseeland* → Melbourne *Australien* → Sydney *Australien* → Pusan *Südkorea* → Keelung *Taiwan* → *Hongkong* → *Singapur* → Suezkanal → Port Said *Ägypten* → Salerno → La Spezia *Italien* → Felixstowe *Großbritannien* → Hamburg *Deutschland*

**NSB** **Seite 241**

**91** Dünkirchen → Le Havre *Frankreich* → Panamakanal → Papeete *Tahiti* → eventuell Apia *Western Samoa* → eventuell Pago Pago *American Samoa* → Auckland *Neuseeland* → Noumea *Neukaledonien* → Suva → Lautoka *Fidschi-Inseln* → eventuell Port Vila → Santo *Vanuatu* → Honiara → eventuell Yandina *Salomon-Inseln* → Lae → Madang → Kimbe → Rabaul → eventuell Oro Bay → Lae → eventuell Alotau *Papua-Neuguinea* → eventuell Jakarta *Indonesien* → *Singapur* → Suezkanal → Antwerpen *Belgien* → Hamburg *Deutschland*

**BANK LINE** **SEITE 176**

**92** Bremerhaven *Deutschland* → Felixstowe *Großbritannien* → Le Havre *Frankreich* → New York *USA* → Norfolk *Virginia USA* → Savannah *Georgia USA* → Manzanillo *Panama* → Long Beach *Kalifornien USA* → Oakland *Kalifornien USA* → Pusan *Südkorea* → Kaohsiung *Taiwan* → *Hongkong* → *Singapur* → Colombo *Sri Lanka* → Suezkanal → Rotterdam *Niederlande* → Bremerhaven *Deutschland*

**NSB** **SEITE 242**

**93** Long Beach *Kalifornien USA* → Yokohama → Shimizu → Kobe *Japan* → Kaohsiung *Taiwan* → *Hongkong* → *Singapur* → Colombo *Sri Lanka* → Gioia Tauro *Italien* → Algeciras *Spanien* → Halifax *Kanada* → Port Elizabeth *Südafrika* → Norfolk *Virginia USA* → Charleston *South Carolina* → Algeciras *Spanien* → Gioia Tauro *Italien* → Dschidda *Saudi-Arabien* → Dubai *Vereinigte Arabische Emirate* → *Singapur* → *Hongkong* → Yantian *China* → *Hongkong* → Long Beach *Kalifornien USA*

**NSB** **Seite 243**

**94** Tilbury *Großbritannien* → Hamburg *Deutschland* → Rotterdam *Niederlande* → um das Kap der Guten Hoffnung *Südafrika* → Fremantle → Adelaide→ eventuell: Burnie → Melbourne → Sydney → eventuell: Brisbane *Australien* → Auckland → Wellington → Lyttleton → Port Chalmers *Neuseeland* → um Kap Horn → Lissabon *Portugal* → Zeebrügge *Belgien* → Tilbury *Großbritannien*

**P & O Nedlloyd** **Seite 251**

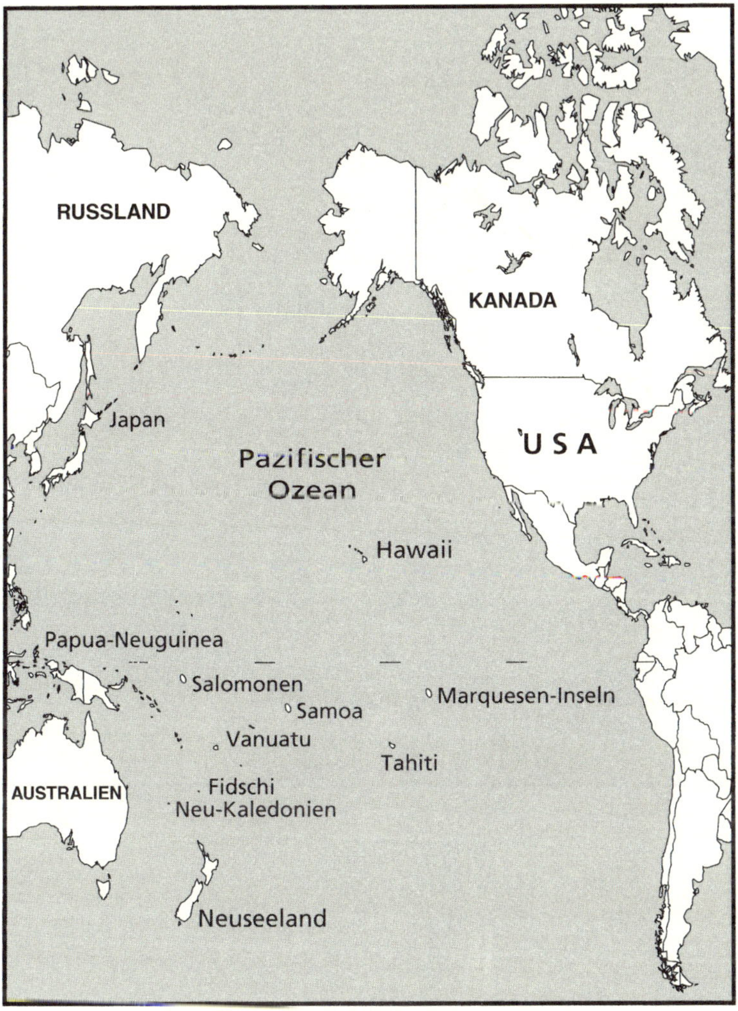
RUSSLAND
KANADA
Japan
USA
Pazifischer Ozean
Hawaii
Papua-Neuguinea
Salomonen
Samoa
Marquesen-Inseln
Vanuatu
Tahiti
AUSTRALIEN
Fidschi
Neu-Kaledonien
Neuseeland

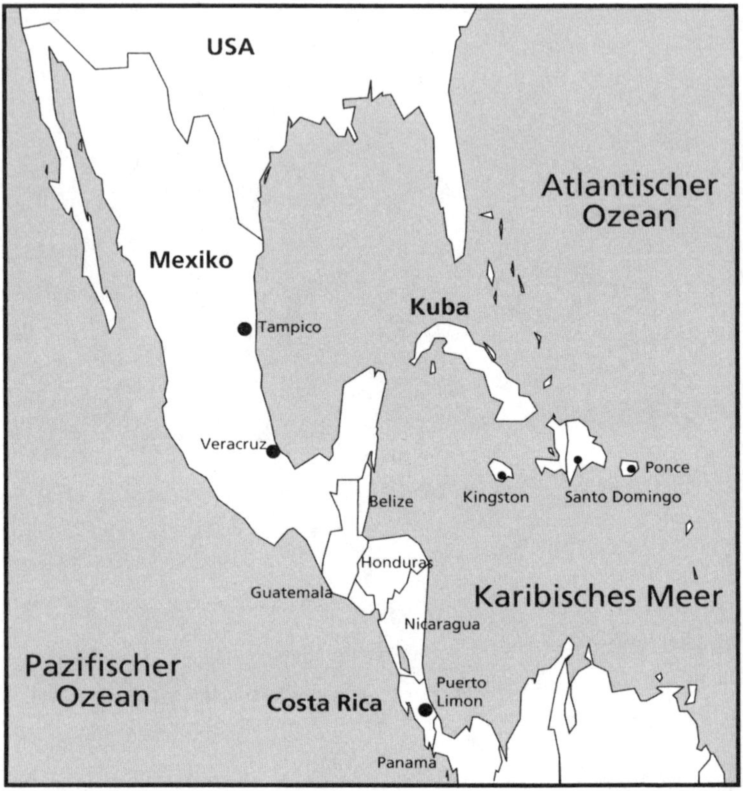
USA
Atlantischer Ozean
Mexiko
Kuba
Tampico
Veracruz
Belize
Kingston
Santo Domingo
Ponce
Honduras
Guatemala
Karibisches Meer
Nicaragua
Pazifischer Ozean
Costa Rica
Puerto Limon
Panama

# Reisen von Häfen außerhalb Europas

## Zwischen den USA und Karibik, Mittelamerika, Südamerika

**95**

Route 1: Port Everglades *Florida USA* → New Orleans *Louisiana USA* → Puerto Cortés *Honduras* → Santo Tomas de Castilla *Guatemala* → New Orleans *Louisiana USA* → Port Everglades *Florida USA*

Route 2: Port Everglades *Florida USA* → Puerto Limón *Costa Rica* → Manzanillo *Panama* → Cartagena *Kolumbien* → Rio Haina *Dominikanische Republik* → Cartagena *Kolumbien* → Manzanillo *Panama* → Puerto Limón *Costa Rica* → Port Everglades *Florida USA*

Transeste Seite 271

## 96

New Orleans *Louisiana USA* → Houston *Texas USA* → Rio de Janeiro → Santos *Brasilien* → Buenos Aires *Argentinien* → Rio Grande → Itajai → Paranagua → Santos → Salvodor → Fortaleza *Brasilien* → Bridgetown *Barbados* → San Juan *Puerto Rico* → Rio Haina *Dominikanische Republik* → Veracruz → Tampico *Mexico* → New Orleans *Louisiana USA*

**IVARAN LINES** **SEITE 220**

## 97

New York *USA* → Baltimore *Maryland USA* → Norfolk *Virginia USA* → Savannah *Georgia USA* → Miami *Florida USA* → Kingston *Jamaika* → Santos *Brasilien* → Buenos Aires *Argentinien* → Montevideo *Uruguay* → Rio Grande → Itajai → Santos → Rio de Janeiro → Vitoria *Brasilien* → Kingston *Jamaika* → New York *USA*

**KAPITÄN HOFFMANN** **SEITE 313**

## 98

Port Everglades → Fernandina Beach → Port Everglades → *Florida USA* → Oranjestad *Aruba/Curacao* → La Guaira → Puerto Cabello *Venezuela* → Port Everglades *USA*

**HAMBURG-SÜD**

**KAPITÄN ZYLMANN** **SEITEN 292, 332**

**99** Miami *Florida USA* → Rio de Janeiro → Santos *Brasilien* → Buenos Aires *Argentinien* → San Juan *Puerto Rico* → Newark *New Jersey USA* → Norfolk *Virginia USA* → Jacksonville → Miami *Florida USA*

**Kapitän Hoffmann** **Seite 313**

**100** New Orleans *Louisiana USA* → Houston *Texas USA* → Altamira *Mexiko* → Puerto Cabello *Venezuela* → Santa Marta → Cartagena → Panamakanal → Buenaventura *Kolumbien* → Guayaquil *Ecuador* → Buenaventura → Panamakanal → Cartagena *Kolumbien* → New Orleans *Louisiana USA*

**Egon Oldendorff** **Seite 201**

**101** Port Everglades *Florida USA* → Puerto Cabello → La Guaira → Isla Margarita *Venezuela* → Port Lisas *Trinidad* → Georgetown *Guayana* → Paramaribo *Surinam* → Port Everglades *Florida USA*

**Frachtschiffreisen Pfeiffer** **Seite 336**

**102** Chester *Pennsylvania* → Savannah *Georgia* → Miami *Florida USA* → Manaus → Belem → Fortaleza *Brasilien* → Chester *Pennsylvania*

**Frachtschiffreisen Pfeiffer** **Seite 336**

**103** Reise an der Küste Chiles:
Puerto Montt *Chile* → Puerto Natales *Chile*
NAVIMAG SEITE 234

## Reisen zwischen den USA und Afrika, Australien, Südpazifik

**104** Savannah *Georgia USA* → Baltimore *Maryland USA* → New York *USA* → Abidjan *Elfenbeinküste* → Tema *Ghana* → Lagos *Nigeria* → Kapstadt → Durban *Südafrika* → Recife *Brasilien* oder La Guaira *Venezuela* → Houston *Texas USA* → Savannah *Georgia USA*
BANK LINE SEITE 177

**105** Jacksonville *Florida USA* → Houston *Texas USA* → Panamakanal → eventuell: Auckland *Neuseeland* → Melbourne → Sydney *Australien* → eventuell: Brisbane *Australien* → Port Chalmers *Neuseeland* → Wellington *Neuseeland* → Auckland *Neuseeland* → Panamakanal → eventuell: Kingston *Jamaika* → Philadelphia *Pennsylvenia USA*
BLUE STAR LINE SEITE 181

**106** Los Angeles *Kalifornien USA* → Auckland *Neuseeland* → Sydney → Melbourne *Australien* → Auckland *Neuseeland* → eventuell Suva *Fidschi-Inseln* oder Honolulu *Hawaii* → Los Angeles *Kalifornien USA*

**BLUE STAR LINE** **SEITE 182**

**107** Jacksonville *Florida USA* → Houston *Texas USA* → Panamakanal → eventuell: Auckland *Neuseeland* → Melbourne → Sydney *Australien* → eventuell: Brisbane *Australien* → eventuell: Port Chalmers *Neuseeland* → Wellington *Neuseeland* → Auckland *Neuseeland* → Panamakanal → eventuell: Kingston *Jamaika* → Philadelphia *Pennsylvenia USA*

**COLUMBUS LINE** **SEITE 185**

**108** Los Angeles *Kalifornien USA* → Auckland *Neuseeland* → Sydney → Melbourne *Australien* → Auckland *Neuseeland* → eventuell: Suva *Fidschi-Inseln* oder Honolulu *Hawaii* → Los Angeles *Kalifornien USA*

**COLUMBUS LINE** **SEITE 186**

**109** Los Angeles *Kalifornien USA* → Auckland *Neusseland* → Melbourne → Sydney → Brisbane *Australien* → Oakland → Los Angeles *Kalifornien USA*

**NSB** **SEITE 244**

## Reisen in Asien

**110** *Singapur* → *Hongkong* → Kaohsiung *Taiwan* → Osaka *Japan* → Pusan *Südkorea* → *Hongkong* → *Singapur* → Jebel Ali *Vereinigte Arabische Emirate* → Abu Dhabi *Abu Dhabi* → Damman *Saudi-Arabien* → Colombo *Sri Lanka* → *Singapur*

**NSB** **SEITE 245**

**111** *Singapur* → Port Kelang → Penang → Pasir Gudang *Malaysia* → *Singapur* → *Hongkong* → Kaohsiung → Taichung → Keelung → Taichung →Kaohsiung *Taiwan* → *Hongkong* → *Singapur*

**NSB** **SEITE 245**

**112** Moji *Japan* → Pusan *Südkorea* → Kaohsiung *Taiwan* → *Hongkong* → Manila *Philippinen* → Jakata *Indonesien* → Manila *Philippinen* → Kaohsiung *Taiwan* → *Hongkong* → Osaka→ Moji *Japan*

**NSB** **Seite 246**

**113** *Singapur* → Jebel Ali *Vereinigte Arabische Emirate* → Damman *Saudi-Arabien* → Jebel Ali *Vereinigte Arabische Emirate* → Karachi *Pakistan* → Colombo *Sri Lanka* → *Singapur*

**NSB** **Seite 246**

## Asien → Südamerika

**114** Kobe *Japan* → Pusan *Südkorea* → Keelung *Taiwan* → *Hongkong* → New York *USA* → Baltimore *Maryland USA* → Charleston *South Carolina USA* → Miami *Florida USA* → Cartagena *Kolumbien* → Balboa *Panama* → Buenaventura *Kolumbien* → Guayaquil *Ecuador* → San Antonio *Chile* → Yokohama *Japan* → Pusan *Südkorea* → Keelung *Taiwan* → *Hongkong*

**Kapitän Hoffmann** **Seite 314**

## Reise von Südafrika aus

**115** Durban *Südafrika*- Nacala *Mozambique* → Dar es-Salaam *Tansania* → Mombasa *Kenia* → Karachi *Pakistan* → Dubai *Vereinigte Arabische Emirate* → Bombay *Indien* → Mombasa *Kenia* → Durban *Südafrika*

**BANK LINE** **SEITE 178**

## Reisen von Australien aus

**116** Auckland → Wellington → Nelson → Lyttleton → Port Chalmers →Tauranga *Neuseeland* → Surabaya → Jakarta *Indonesien* → Port Kelang *Malaysia*→ *Singapur* → Bangkok *Thailand* → *Singapur* → Noumea *Neukaledonien* → Suva *Fidschi-Inseln* → Auckland *Neuseeland*

**EGON OLDENDORFF** **SEITE 201**

**117** Auckland *Neuseeland* → Napier → Nelson → Timaru → Tauranga *Neuseeland* → Pusan *Südkorea* → Moji → Nakanoseki → Hiroshima → Osaka → Nagoya → Yokohama *Japan* → Auckland *Neuseeland*

**EGON OLDENDORFF** **SEITE 202**

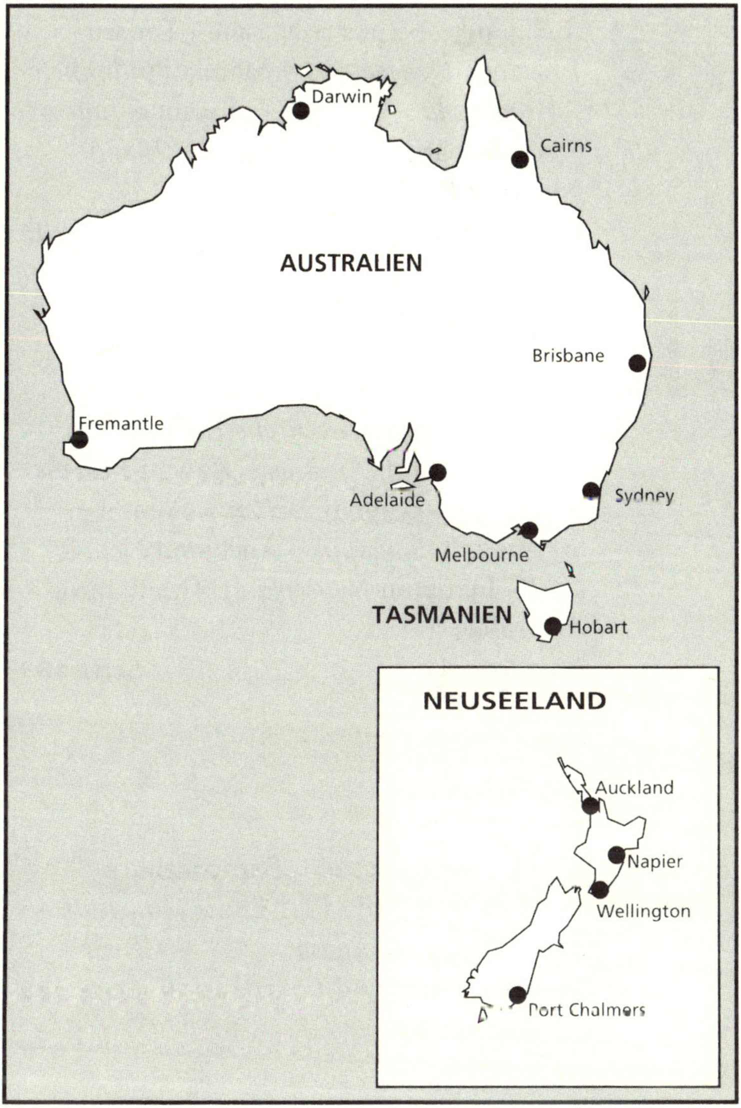
Darwin
Cairns
AUSTRALIEN
Brisbane
Fremantle
Adelaide
Sydney
Melbourne
TASMANIEN
Hobart
NEUSEELAND
Auckland
Napier
Wellington
Port Chalmers

**118** Auckland → Napier → Nelson → Timaru → Tauranga *Neuseeland* → Manila *Phillipinen* → *Hongkong* → Taichung → Keelung *Taiwan* → Noumea *Neukaledonien* → Auckland *Neuseeland*

**EGON OLDENDORFF** — **SEITE 203**

**119** Melbourne *Australien* → Fremantle *Australien* → *Singapur* → Muscat *Oman* → Dubai *Vereinigte Arabische Emirate* → Dammam *Saudi-Arabien* → Kuwait *Kuwait* → *Bahrain* → Bombay *Indien* → Colombo *Sri Lanka* → *Singapur* → Auckland *Neuseeland* → Lyttleton *Neuseeland* → Melbourne *Australien*

**BLUE STAR LINE** — **SEITE 183**

## Inselreisen

**120** Port-Louis *Mauritius* → Port-Mathurin *Ile Rodrigues* oder: Port-Louis *Mauritius* → Port-Réunion *Réunion*

**MAURITIUS SHIPPING CORPORATION** — **SEITE 229**

**121** Inselreise Tahiti und Bora Bora
Papeete *Tahiti Französisch Polynesien* → verschiedene benachbarte Inseln: Huahine → Raiatea → Tahaa → Bora Bora → Tahaa → Raiatea → Huahine → Papeete *Tahiti*
**COMPAGNIE MARITIME DE FRANÇAISE DE TAHITI** **SEITE 190**

**122** Inselreise zwischen Tahiti und den Marquesas-Inseln
Papeete *Tahiti* → Takapoto *Tuamotou* → *Marquesas-Inseln*: Ua Pou, Nuku Hiva, Hiva Oa, Fatu Hiva, Hiva Oa, Ua Huka, Nuku Hiva → Rangiroa *Tuamotu-Inseln* → Bora Bora *Französisch Polynesien* → Papeete *Tahiti*
**COMPAGNIE POLYNÉSIENNE DE TRANSPORT MARITIME** **SEITE 192**

**123** St. Denis *Réunion* → Crozet → Kerguelen → Saint Paul et Amsterdam *Terres Australes et Antarctiques Francaiçes* → St. Denis *Réunion*
**MER ET VOYAGES** **SEITE 275**

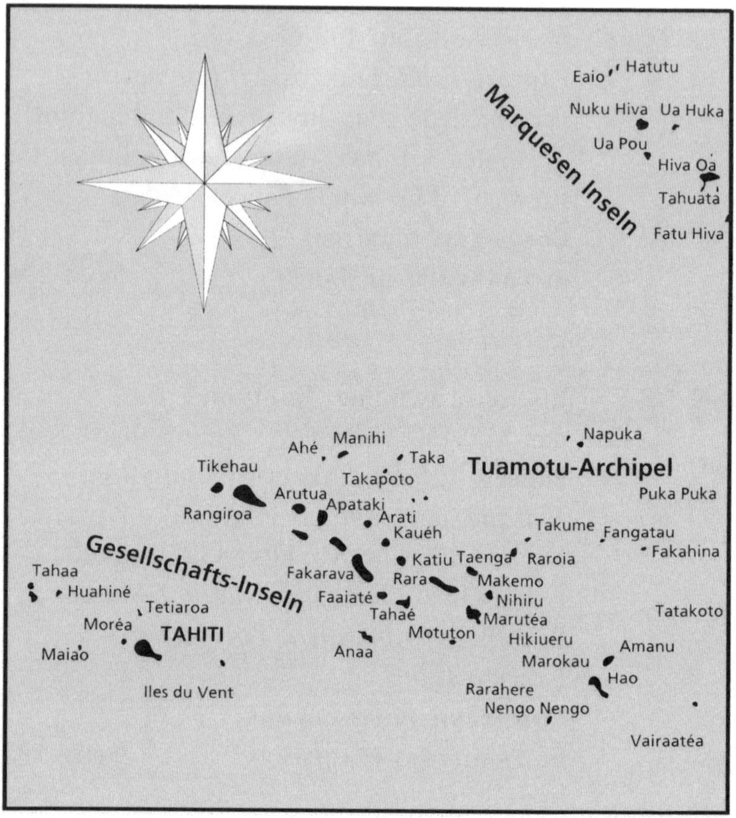
Eaio
Hatutu
Marquesen Inseln
Nuku Hiva
Ua Huka
Ua Pou
Hiva Oa
Tahuata
Fatu Hiva
Napuka
Manihi
Ahé
Taka
Tuamotu-Archipel
Tikehau
Takapoto
Puka Puka
Arutua
Apataki
Rangiroa
Arati
Takume
Fangatau
Kauéh
Fakahina
Gesellschafts-Inseln
Katiu
Taenga
Raroia
Tahaa
Fakarava
Rara
Makemo
Huahiné
Faaiaté
Nihiru
Tetiaroa
Tahaé
Marutéa
Tatakoto
Moréa
TAHITI
Motuton
Hikiueru
Amanu
Maiao
Anaa
Marokau
Hao
Iles du Vent
Rarahere
Nengo Nengo
Vairaatéa

# Reedereien

## Bank Line

Dexter House
2 Royal Mint Court
London EC3N 4XX, Großbritannien
Tel.: 01 71/265 08 08 · Fax: 01 71/816 49 95
(Ländervorwahl: 00 44)

**Reiseagentur in Deutschland:**
Hamburg-Süd Reiseagentur GmbH
Ost-West-Straße 59-61
20457 Hamburg
Tel.: 040/37 05-25 93 · Fax: 040/37 05-24 20
(Ländervorwahl: 00 49)

**Reiseagentur in den USA:**
Freighter World Cruises Inc.
180 South Lake Avenue, Suite 335
Pasadena, California 91101, USA
Tel.: 818/449 31 06 · Fax: 818/449 95 73
(Ländervorwahl: 001)

**Reiseagentur in Frankreich:**
Ecrit – Mer et Voyages
3, rue Tronchet
75008 Paris
Tel.: 01/44 51 01 68 · Fax: 01/40 07 12 72
(Ländervorwahl: 00 33)

Die 1885 gegründete Bank Line gehört zur Andrew-Weir-Gruppe. Ihre Schiffe befahren seit über 80 Jahren den Südpazifik und beförderten viele Jahre lang einige Passagiere. Um 1990 baute die Gesellschaft vier Frachtschiffe so um, daß sie je neun Passagiere aufnehmen können.

Im November 1995 hat die Bank Line ihre Flotte für die Fahrten rund um die Welt durch die Schiffe FOYLEBANK, SPEYBANK, ARUNBANK und TEIGNBANK ersetzt.

Der Komfort auf den Schiffen ist erstklassig. Die Bereiche für die Passagiere sind elegant und geräumig. Alle Kabinen sind mit Radio und Videorecorder ausgestattet. Sogar eine kleine Kochnische ist vorhanden, in der man Tee oder Kaffee zubereiten kann.

Diese Route zählt seit langem zu den attraktivsten Frachtschiffreisen, da sie an zahlreichen Inseln des Südpazifiks entlang führt, die sonst schwierig zu erreichen sind: Polynesien, Samoa, Fidschi, Neukaledonien, Vanuatu, Salomonen und Papua-Neuguinea. Die Reisen sind normalerweise lange im voraus ausgebucht. Die Monate Juni bis August gelten als Nebensaison.

In der Regel werden die Touren als Rundreisen verkauft. Möchten Sie nur eine Teilstrecke zurücklegen, können Sie sich auf die Warteliste setzen lassen und erhalten ca. sechs Wochen vor dem Auslaufen die Nachricht, ob eine Kabine freigeblieben ist. Die Teilstrecke Papeete → Singapur ist zum Beispiel einzigartig, da sie an den kleinen Inseln des Südpazifiks entlangführt.

Seit 1994 bietet die Bank Line eine neue Route für Passagiere an Bord der OLIVEBANK an. Die außergewöhnliche Reise verläuft vom Südosten der Vereinigten Staaten nach Südafrika und Brasilien und führt anschließend in den Heimathafen Savannah zurück.

Die alten Schiffe IVYBANK, MORAYBANK, FORTHBANK und CLYDEBANK werden weiterhin in anderen Diensten eingesetzt.

Es sei darauf hingewiesen, daß die Frachtschiffe dieser Reederei nichts mit jenen Meeresgiganten gemeinsam haben, denen die Containerschiffe manchmal ähneln. Ihr anmutiges Aussehen begeistert jeden Nostalgiker.

## 91

Dünkirchen → Le Havre *Frankreich* → Panamakanal → Papeete *Tahiti* → eventuell Apia *Western Samoa* → eventuell Pago Pago *American Samoa* → Auckland *Neuseeland* → Noumea *Neukaledonien* → Suva → Lautoka *Fidschi-Inseln* → eventuell Port Vila → Santo *Vanuatu* → Honiara → eventuell Yandina *Salomon-Inseln* → Lae → Madang → Kimbe → Rabaul → eventuell Oro Bay →Lae → eventuell Alotau *Papua-Neuguinea* → eventuell Jakarta *Indonesien* → *Singapur* → Suezkanal → Antwerpen *Belgien* → Hamburg *Deutschland*

**ROUTE** variiert

**DAUER** ca. 20 bis 130 Tage

**Preise** auf Anfrage

**Schiffe** Foylbank,
Speybank,
Arunbank,
Teignbank,
15 460 Tonnen,
britische Schiffsführung,
Swimmingpool, Klimaanlage, Video

## 104

Savannah *Georgia USA* → Baltimore *Maryland USA* → New York *USA* → Abidjan *Elfenbeinküste* → Tema *Ghana* → Lagos *Nigeria* → Kapstadt → Durban *Südafrika* → Recife *Brasilien* oder La Guaira *Venezuela* → Houston *Texas USA* → Savannah *Georgia USA*

**Route** variiert

**Dauer** 70 bis 75 Tage

**Preise** Rundreise: 7700 bis 8450 $

**Schiffe** Olivebank, 14 416 Tonnen,
Video, Aufzug, Swimmingpool

## 115 Durban *Südafrika* → Dar es-Salaam *Tansania* → Mombasa *Kenia* → Karachi *Pakistan* → Dubai *Vereinigte Arabische Emirate* → Karachi *Pakistan* → Bombay *Indien* → Mombasa *Kenia* → Durban *Südafrika*

**DAUER** ca. 56 Tage

**PREISE** Rundreise: 5600 bis 6160 $

**SCHIFFE** FORTHBANK, CLYDEBANK, Swimmingpool

**HINWEIS** Das Höchstalter beträgt 82 Jahre.

## Blue Star Line

The Travel Department
Blue Star Line Limited
Albion House, 20 Queen Elizabeth Street
London SE1 2LS, Großbritannien
Tel.: 01 71/827-55 72 · Fax 01 71/827-56 78
(Ländervorwahl: 00 44)

**Reiseagentur in den USA:**
TravLtips Cruise &
Freighter Travel Association
163-07 Depot Road
PO Box 580188
Flushing, NY 11358
Tel.: 718/939 24 00 · Fax: 718/939 20 47
(Ländervorwahl: 001)

1907 gründeten die Brüder Vestey in Großbritannien eine Kühlhausgesellschaft. Zwei Jahre später erwarben sie zwei Kühlschiffe, um den Fleischtransport aus Südamerika zu sichern. Nach und nach wuchs die Anzahl der Schiffe und schloß zwischen den beiden Weltkriegen auch fünf Frachter ein. Die Reederei lief sowohl Südafrika als auch Australien und Nordamerika an.

Heute umfaßt die Blue Star Line eine große Flotte von Vollcontainerschiffen und Spezialschiffen für den Transport von Frischwaren in der ganzen Welt. Ferner ist sie mit weiteren Gesellschaften innerhalb der Vestey-Gruppe verbunden.

Seit dem Zusammenschluß von Blue Star und ACT/Pace im Jahre 1992 sowie dem Erwerb neuer Schiffe wie der COLUMBIA STAR ist die Reederei zu einer der wichtigsten für den Transport von Passagieren zwischen den USA und dem Südpazifik geworden.

Die Devise der Reederei lautet: „We call the South Pacific home" („Wir bezeichnen den Südpazifik als unsere Heimat").

## 19

Tilbury *Großbritannien* → Hamburg → Bremerhaven *Deutschland* → Antwerpen *Belgien* → Le Havre *Frankreich* → Lissabon *Portugal* → Rio de Janeiro → Santos *Brasilien* → Buenos Aires *Argentinien* → Montevideo *Uruguay* → Itajai → Paranagua → Santos *Brasilien* → Rotterdam *Niederlande* → Tilbury *Großbritannien* → Hamburg → Bremerhaven *Deutschland* → Antwerpen *Belgien* → Le Havre *Frankreich* → Rotterdam *Niederlande* → Tilbury *Großbritannien*

**DAUER** ca. 58 Tage

**PREISE** Rundreise: 3490 £
Teilstrecken: pro Tag/Person 65 £

**Schiff** Argentina Star, 22635 Tonnen, 12 Passagiere, kleiner Swimmingpool, Fitneßraum, Salon, Bar

**105** Jacksonville *Florida USA* → Houston Texas *USA* → Panamakanal → eventuell: Auckland *Neuseeland* → Melbourne → Sydney → eventuell: Brisbane *Australien* → Port Chalmers → Wellington → Auckland *Neuseeland* → Panamakanal → eventuell: Kingston *Jamaika* → Philadelphia *Pennsylvenia USA*

**Dauer** ca. 66 Tage

**Preise** Rundreise:

| | |
|---|---|
| Hauptsaison | 6800 bis 8500 $ |
| Nebensaison | 5400 bis 6800 $ |

**Schiffe** America star, 24 907 Tonnen, Queensland star, 25 031 Tonnen, Sydney star, 24 907 Tonnen

## 106 Los Angeles *Kalifornien USA* → Auckland *Neuseeland* → Sydney → Melbourne *Australien* → Auckland *Neuseeland* → eventuell Suva *Fidschi-Inseln* oder Honolulu *Hawaii* → Los Angeles *Kalifornien USA*

**Dauer** ca. 49 Tage

**Preise** Rundreise: 3975 bis 5300 $

**Schiffe** Columbia Star, 19 636 Tonnen, Melbourne Star, 24 907 Tonnen, Brisbane Star, 27 910 Tonnen

## 119

Melbourne *Australien* → Fremantle *Australien* → *Singapur* → Muscat *Oman* → Dubai *Vereinigte Arabische Emirate* → Dammam *Saudi-Arabien* → Kuwait *Kuwait* → *Bahrain* → Bombay *Indien* → Colombo *Sri Lanka* → *Singapur* → Auckland *Neuseeland* → Lyttleton *Neuseeland* → Melbourne *Australien*

**Dauer** ca. 56 Tage

**Preise**

| | |
|---|---|
| Rundreise: | 2800 £ |
| One-Way: pro Tag/Person | 50 £ |

**Schiffe** Freemantle Star, New Zealand Star

**Hinweis** Das Höchstalter beträgt 80 Jahre, für Reisende ab 70 Jahren ist ein ärztliches Attest erforderlich.

## Columbus Line

**Reiseagentur in Deutschland:**
Hamburg-Süd Reiseagentur GmbH
Ost-West-Straße 59-61
20457 Hamburg
Tel.: 040/37 05-25 93 · Fax: 040/37 05-24 20
(Ländervorwahl: 00 49)

**Reiseagentur in den USA:**
Freighter World Cruises Inc.
180 South Lake Avenue, Suite 335
Pasadena, California 91101, USA
Tel.: 818/449 31 06 · Fax: 818/449 95 73
(Ländervorwahl: 001)

Die amerikanische Niederlassung der 1871 gegründeten Reederei ist eine Tochtergesellschaft der großen deutschen Firmengruppe Hamburg-Süd. Auf ihren sieben komfortablen Containerschiffen bietet sie Reisen von den Vereinigten Staaten in den Südpazifik an.

**107** Jacksonville *Florida USA* → Houston *Texas USA* → Panamakanal → eventuell: Auckland *Neuseeland* → Melbourne → Sydney *Australien* → eventuell: Brisbane *Australien* → eventuell: Port Chalmers *Neuseeland* → Wellington *Neuseeland* → Auckland *Neuseeland* → Panamakanal → eventuell: Kingston *Jamaika* → Philadelphia *Pennsylvenia USA*

**DAUER** 66 Tage

**PREISE** Rundreise:

| | |
|---|---|
| Hauptsaison: | 6270 bis 8910 $ |
| Nebensaison: | 4620 bis 7260 $ |

Jacksonville → erster australischer Hafen:

| | |
|---|---|
| Hauptsaison: | 2850 bis 4050 $ |
| Nebensaison: | 2100 bis 3300 $ |

**SCHIFFE** COLUMBUS AMERICA,
COLUMBUS AUSTRALIA,
COLUMBUS NEW ZEALAND,
COLUMBUS QUEENSLAND,
Schwimmbad, Fitneßraum, Sauna

## 108 Los Angeles *Kalifornien USA* → Auckland *Neuseeland* → Sydney → Melbourne *Australien* → Auckland *Neuseeland* → eventuell: Suva *Fidschi-Inseln* oder Honolulu *Hawaii* → Los Angeles *Kalifornien USA*

**Dauer** ca. 49 Tage

**Preise**

Rundreise:

| | |
|---|---|
| Hauptsaison: | 5145 bis 6125 $ |
| Nebensaison: | 4655 bis 5635 $ |

Los Angeles → erster australischer Hafen:

| | |
|---|---|
| Hauptsaison: ca. 20 Tage | 2200 bis 2800 $ |
| Nebensaison: ca. 20 Tage | 1900 bis 2600 $ |

**Schiffe** Columbus Victoria, Columbus Canada, Columbus California

## Compagnie Générale Maritime

CGM
22 quai Galliéni
92158 Suresnes Cedex, Frankreich
Tel.: 01/46 25 70 00 · Fax: 01/46 25 78 00
(Ländervorwahl: 00 33)

**Reiseagenturen in Frankreich:**
Ecrit – Mer et Voyages
3, rue Tronchet
75008 Paris
Tel.: 01/44 51 01 68 · Fax: 01/40 07 12 72
(Ländervorwahl: 00 33)

Sotramat Voyages
12, rue Godot-de-Mauroy
75009 Paris
Tel.: 01/49 24 24 72 · Fax: 01/47 42 04 53
(Ländervorwahl: 00 33)

**Reiseagentur auf den Antillen:**
Transat Antilles Voyages
Quai Lefevre
97153, Pointe-á-Pitre Guadeloupe
Tel.: 83 04 43/82 95 74
(Ländervorwahl: 005 90)

Die berühmten Bananenschiffe der CGM (heute Vollcontainerschiffe) verkehren zwischen Frankreich und den Antillen und nehmen als einzige französische Frachter Passagiere an Bord.

Neue Routen in den Fernen Osten und nach Südamerika oder Rundreisen um die Welt wurden 1995 leider nicht eingeführt. Bleibt zu hoffen, daß dies bald geschieht.

Es ist zu erwarten, daß die CGM die schwierige Phase ihrer Privatisierung überwindet. Vielleicht öffnet sie ihre Kabinen anschließend wieder den Passagieren.

Das Publikum sollte seine Begeisterung für diese Reiseart bekunden und so dazu beitragen, daß französische Frachtschiffe ebenso selbstverständlich Passagiere an Bord nehmen, wie dies in Deutschland und England der Fall ist.

## 12 Le Havre → Montoir *Frankreich* → Fort-de-France *Martinique* → Pointe-á-Pitre *Guadeloupe* → Fort-de-France *Martinique* → Le Havre *Frankreich*

**Dauer** 21 bis 25 Tage

**Schiffe** Douce France,
Fort Desaix,
Fort Fleur d`Epée,
Fort Royal

**Abfahrten** ein- bis zweimal im Monat

**Preise** Rundreise:

| | |
|---|---|
| Januar bis Juni: | 11 300 bis 12 100 FF |
| Juli bis Dezember: | 12 550 bis 13 350 FF |

Le Havre oder Montoir
zum ersten Hafen
auf den Antillen:

| | |
|---|---|
| Januar bis Juni: | 5060 bis 5460 FF |
| Juli bis Dezember: | 5600 bis 6000 FF |

Le Havre oder Montoir
zum zweiten Hafen
auf den Antillen:

| | |
|---|---|
| Januar bis Juni: | 5700 bis 6100 FF |
| Juli bis Dezember: | 6300 bis 6700 FF |

## Compagnie Française Maritime de Tahiti

B.P. 368 Papeete, Tahiti
Französisch Polynesien
Tel.: 42 63 93
(Ländervorwahl: 006 89)

Für das Frachtschiff
S.A. Navigation Temehani:
B.P. 9015 Papeete, Tahiti
Französisch Polynesien
Tel.: 42 98 83 · Fax: 42 98 83
(Ländervorwahl: 006 89)

Zwei Frachtschiffe der Reedereien unterhalten den Liniendienst zwischen den Nachbarinseln von Tahiti: die Taporo IV und die Temehani II der Compagnie Française Maritime de Tahiti.

**121** Inselreise Tahiti und Bora Bora
Papeete *Tahiti* Französisch *Polynesien* → verschiedene benachbarte Inseln: Huahine → Raiatea → Tahaa → Bora Bora → Tahaa → Raiatea → Huahine → Papeete *Tahiti*

**Preise** auf Anfrage

## Compagnie Polynésienne de Transport Maritime

B.P. 220 Papeete, Tahiti
Französisch Polynesien
Tel.: 42 62 40/43 76 60 · Fax: 43 48 89
(Ländervorwahl: 006 89)

**Reiseagentur in Frankreich:**
Le Quotidien Voyages
119 Av. Charles de Gaulle
92200 Neuilly-sur-Seine
Tel.: 01/47 47 11 16 · Fax: 01/46 24 34 88

**Reiseagentur in den USA:**
Freighter World Cruises Inc.
180 South Lake Avenue, Suite 335
Pasadena, California 91101
Tel.: 818/449 31 06 · Fax: 818/449 95 73
(Ländervorwahl: 001)

Der ehemals deutsche, 103 Meter lange Kombifrachter Aranui (in der Maorisprache „Langer Weg“) verkehrt seit einigen Jahren zwischen Tahiti und den Marquesas-Inseln. Er ist der letzte Nachfahre jener Schoner, die Kopra und Reisende zwischen den Inseln transportierten. Die Besatzung besteht aus 32 polynesischen Seeleuten.

Die ARANUI verbindet die Marquesas- und die Tuamotu-Inseln mit dem Rest der Welt und hat jedesmal rund 100 Passagiere an Bord, überwiegend Einheimische, von denen ein Teil an Deck reist. Rund 30 Touristenkabinen stehen zur Verfügung.

Die 17 Tage lange gemächliche Fahrt zwischen den schönsten Inseln Polynesiens gehört zweifellos zu den spektakulärsten Traumreisen der Welt. Die amerikanische Presse und das Fernsehen berichteten begeistert darüber. Ein Journalist bezeichnete sie als „Anti-Kreuzfahrt".

Mit der ARANUI kann man Inseln aufsuchen, die sonst schwer zu erreichen sind. Häufig ist ein Übersetzen mit Piroggen erforderlich.

## 122 Inselreise zwischen Tahiti und den Marquesas-Inseln

Papeete *Tahiti* → Takapoto *Tuamotou* → *Marquesas-Inseln*: Ua Pou, Nuku Hiva, Hiva Oa, Fatu Hiva, Hiva Oa, Ua Huka, Nuku Hiva → Rangiroa *Tuamotu-Inseln* → Bora Bora *Französisch Polynesien* → Papeete *Tahiti*

**DAUER** ca. 17 Tage

| | | |
|---|---|---|
| **Preise** | Kursschwankungen vorbehalten<br>Rundreise:<br>Class „C“: Klimatisierter<br>Schlafsaal mit Kajütenbetten<br>Bad/WC: | <br><br><br><br>9900 FF |
| | „B“- Kabine: Innen- oder<br>Außenkabine mit zwei Betten: | <br>16 200 FF |
| | Standard-„A“-Kabine:<br>Außenkabine mit Dusche/WC: | <br>18 694 FF |
| | De-Luxe-„A“-Kabine:<br>Außenkabine mit Französischem<br>Bett, Badewanne/WC: | <br><br>22 206 FF |
| | Ermäßigung für Kinder bei Unterbringung in der Kabine ihrer Eltern sowie für Passagiere über 60 Jahre (15 Prozent) und zu gewissen Jahreszeiten. | |
| **Schiffe** | ARANUI (ex Bremer HORST BISCHOFF), 4200 Tonnen, 60 Passagiere, Swimmbad, Bibliothek, Video.<br>Zu den angebotenen Aktivitäten zählen auch Ausflüge, Angeln und Tauchen. | |

## Egon Oldendorff

Postfach 2135
Fünfhausen 1
23552 Lübeck, Deutschland
Tel.: 04 51/150 01 29 · Fax: 04 51/735 22

**Reiseagentur in Deutschland:**
Hamburg-Süd Reiseagentur Gmbh
Ost-West-Straße 59-61
20457 Hamburg
Tel.: 040/37 05-25 93 · Fax: 040/37 05-24 20
(Ländervorwahl: 00 49)

**Reiseagentur in den USA:**
Freighter World Cruises Inc.
180 South Lake Avenue, Suite 335
Pasadena, California 91101
Tel.: 818/449 31 06 · Fax: 818/449 95 73

**Reiseagentur in Kanada:**
Egon Marine Services
10440 Bird Road
Richmond, BC V6X 1N6
Tel.: 604/671 54 61 · Fax: 604/273 56 41
(Ländervorwahl: 001)

**Reiseagentur in Australien:**
Sydney International Travel Center Pty. Ltd,
Reid House
75 King Street, 8th floor
Sydney NSW 2000, Australien
Tel.: 2/92 99 80 00 · Fax: 2/92 99 13 37
(Ländervorwahl: 00 61)

Egon Oldendorff gehört für Liebhaber von Frachtschiffreisen wohl zu den bekanntesten Reedereien. Sie bietet Reisen zu praktisch allen Zielen der Welt zu attraktiven Preisen an. Die Flotte von Egon Oldendorff besteht aus rund 40 seegehenden Schiffen. Es sind Frachtschiffe zwischen 15 000 und 77 500 Tonnen. Alle sind mit Klimaanlage und einige mit einem kleinen Swimmingpool ausgestattet.

Die Reederei praktiziert das „tramp-shipping", bei dem die Routen ausschließlich von Angebot und Nachfrage bestimmt werden. Die in der „Trampfahrt" eingesetzen Schiffe laufen Häfen in Europa (einschließlich Mittelmeer), Nord- und Südamerika und der Karibik ebenso an wie Destinationen in Fernost, Indien und Afrika. Regelmäßige Abfahrten können aber nicht angeboten werden.

Die Routen ihrer Schiffe in aller Welt ändern sich ständig, manchmal sogar im Verlauf einer Reise.

Besorgen Sie sich im Bedarfsfall die neueste Positionsliste der Reederei, auf der Sie die Routen bzw. die momentan bekannten Reiseziele der Schiffe, die zur Zeit Passagiere befödern, entnehmen können. Die Vorderseite zeigt die Trampfahrt, die Rückseite die in der Linienfahrt eingesetzen Frachtschiffe. So zeigt die Positionsliste vom Februar 1997 zum Beispiel, daß Schiffe der Reederei nach Südamerika, den Vereinigten Staaten und Südostasien unterwegs sind.

Deshalb kann die nachstehende Zusammenstellung der Reisen nur beispielhaft sein. Sie nennt Routen, die das Schiff zu einem bestimmten Zeitpunkt befährt und gibt eine ungefähre Vorstellung der Preise.

Auf vielen Schiffen führt ein deutscher Kapitän das Kommando, während sich die Mannschaft aus verschiedenen Nationalitäten zusammensetzt. An Bord wird daher überwiegend Englisch gesprochen.

## Trampschiffe

**1** In der Regel belgischer, holländischer oder deutscher Hafen oder anderer europäischer Hafen → Sept-Iles/Port-Cartier/Baie Comeau (St. Lorenz) manchmal auch Montreal/Quebec/Three Rivers und Sorel *Kanada* → Westeuropäischer Hafen

**DAUER** 10 bis 12 Tage

**PREISE** Einwegpassage: 1100 DM/1300 DM

**Wichtig** Die genaue Route wird meistens erst ein bis zwei Tage vor Abfahrt bekannt. Wenn sie bekannt wird, ist auch meistens nur das Ziel, z. B. die Ostküste Amerikas, bekannt, während die Rückreise offen bleibt. Die Reisen nach Kanada via St.-Lorenz-Strom finden in der Regel nur zwischen April/Mai bis November/Dezember statt, so lange der Strom eisfrei ist.

Auf Wunsch kann ein sogenanntes „Open-Dated-Ticket" für die Rückreise gekauft werden, das ein Jahr ab Ausstellungsdatum gültig ist. Wenn das Ticket während dieser Zeit nicht benutzt werden kann, wird der Passagepreis gegen Rückgabe des Tickets erstattet.

Dauer und Preise beziehen sich nur auf einen Weg vom letzten westeuropäischen bis zum ersten kanadischen Hafen oder vom letzten kanadischen bis zum ersten europäischen. Gegen Aufpreis kann man weiterhin an Bord bleiben.

**8** In der Regel belgischer, holländischer oder deutscher Hafen oder anderer europäischer Hafen → Norfolk/Newport News *Virginia USA* → manchmal: Balitmore *Maryland USA*/Philadelphia *Pennsylvania*/Newark *New Jersey* oder Boston *Massachusetts USA*

**Dauer** ca. 10 bis 12 Tage

**Preise** Einwegpassage: 1100 bis 1300 DM

**Wichtig** Die genaue Route wird meistens erst ein bis zwei Tage vor Abfahrt bekannt.
Auf Wunsch kann ein sogenanntes „Open-Dated-Ticket" für die Rückreise gekauft werden, das ein Jahr ab Ausstellungsdatum gültig ist. Wenn das Ticket während dieser Zeit nicht benutzt werden kann, wird der Passagepreis gegen Rückgabe des Tickets erstattet.

**9** In der Regel belgischer, holländischer oder anderer europäischer Hafen → New Orleans *Lousina*/Mobile *Alabama*/Houston *Texas*/Galveston *Texas*/Corpus Christi *Texas USA*

**Dauer** ca. 14 Tage

**Preise** Einwegpassage: letzter Hafen Europa bis erster Hafen USA/Kanada 1300 bis 1500 DM

**Wichtig** Die genaue Route wird meistens erst ein bis zwei Tage vor Abfahrt bekannt. Man kann ein sogenanntes „Open-Dated-Ticket" für die Rückreise gekauft, das ein Jahr ab Ausstellungsdatum gültig ist. Wenn das Ticket während dieser Zeit nicht benutzt werden kann, wird der Passagepreis gegen Rückgabe des Tickets erstattet.

**Die Reederei setzt außerdem auf folgenden Routen Frachtschiffe im Liniendienst ein:**

**29** Hamburg *Deutschland* → Antwerpen *Belgien* → Felixstowe *Großbritannien* → Bilbao *Spanien* → Panamakanal → Guayaquil *Ecuador* → Callao *Peru* → Iquique → Arica → Valparaiso → Talcahuano → Antofagasta *Chile* → Callao *Peru* → Buenaventura *Kolumbien* → Guayaquil → Panamakanal → Bilbao *Spanien* → Liverpool *Großbritannien* → Dünkirchen *Frankreich* → Rotterdam *Niederlande* → Hamburg *Deutschland*

| | | |
|---|---|---|
| **Dauer** | ca. 80 Tage | |
| **Preise** | Tagespreis: | 110 DM |
| **Schiffe** | ANDACOLLO,<br>TAMAYA, (Baujahr 1996),<br>29 500 Tonnen | |

## 45

Marseille *Frankreich* → Barcelona *Spanien* → Lagos *Nigeria* → Luanda *Angola* → Matadi *Zaire* → Douala *Kamerun* → Valencia *Spanien* → Salerno → Livorno → Genua *Italien* → Marseille *Frankreich*

| | | |
|---|---|---|
| **Dauer** | ca. 43 Tage | |
| **Preise** | Tagespreise: | 90 bis 110 DM |
| **Schiffe** | HARMEN OLDENDORFF,<br>23 477 Tonnen, deutscher Kapitän | |
| **Wichtig** | Das Schiff wird diese Route noch bis Oktober 1997 fahren. | |

## 100

New Orleans *Louisiana USA* → Houston *Texas USA* → Altamira *Mexiko* → Puerto Cabello *Venezuela* → Santa Marta → Cartagena → Panamakanal → Buenaventura *Kolumbien* → Guayaquil *Ecuador* → Buenaventura → Panamakanal → Cartagena *Kolumbien* → New Orleans *Louisiana USA*

**Dauer** auf Anfrage

**Preise** Tagespreise:

| | |
|---|---|
| Hauptsaison: | 130 bis 150 DM |
| Nebensaison: | 105 bis 120 DM |

**Schiffe** TMG SANTIAGO ex HENRIETTE OLDENDORFF, 21 763 Tonnen, TMG MEXICO ex HELGA OLDENDORFF, 21 681 Tonnen, Swimmingpool, Klimaanlage, Fahrstuhl

## 116

Auckland → Wellington → Nelson → Lyttleton → Port Chalmers →Tauranga *Neuseeland* → Surabaya → Jakarta *Indonesien* → Port Kelang *Malaysia* → *Singapur* → Bangkok *Thailand* → *Singapur* → Noumea *Neukaledonien* → Suva *Fidschi-Inseln* → Auckland *Neuseeland*

| | | |
|---|---|---|
| **Dauer** | ca. 61 Tage | |
| **Preise** | Tagespreis: | 120 bis140 DM |
| | Rundreise-<br>pauschale: | 7320 bis 8540 DM |
| **Schiffe** | NZOL CHALLENGER,<br>NZOL CRUSADER,<br>21 061 Tonnen | |

## 117

Auckland *Neuseeland* → Napier → Nelson → Timaru → Tauranga *Neuseeland* → Pusan *Südkorea* → Moji → Nakanoseki → Hiroshima → Osaka → Nagoya → Yokohama *Japan* → Auckland *Neuseeland*

| | | |
|---|---|---|
| **Dauer** | ca. 48 Tage | |
| **Preise** | Rundreise: | 6240 DM |
| | Auckland → Yokohama:<br>34 Tage | 4420 DM |
| **Schiffe** | T.A. VOYAGER,<br>T.A. EXPLORER,<br>22 800 Tonnen,<br>Swimmingpool, Klimaanlage Fitneßraum | |

## 118

Auckland → Napier → Nelson → Timaru → Tauranga *Neuseeland* → Manila *Phillipinen* → *Hongkong* → Taichung → Keelung *Taiwan* → Noumea *Neukaledonien* → Auckland *Neuseeland*

**Dauer** ca. 48 Tage

**Preise** Rundreise: 6240 DM

**Schiffe** T.A. Discoverer, 20 430 Tonnen, T.A. Adventurer, 20 380 Tonnen, Swimmingpool, Klimaanlage Fitneßraum

**Hinweis** Die Altersgrenze beträgt 80 Jahre.

## Grimaldi Freighter Cruises

für Route Nr. 22, Nr. 37, Nr. 42:
Via Marchese Campodisola, 13
80133 Neapel
Tel.: 081/49 61 11 · Fax: 081/551 77 16

für Route Nr. 23:
Via Fieschi, 17
PO Box 1492
16121 Genua
Tel.: 010/550 91 · Fax: 010/551 77 16
(Ländervorwahl: 00 39)

**Reiseagentur in Deutschland:**
Seetours International
Seilerstraße 23
60313 Frankfurt
Tel.: 069/133 32 95 · Fax: 069/133 32 18
(Ländervorwahl: 00 49)

**Reiseagentur in Frankreich:**
Transports et Voyages S.A.
32, rue du Quatre-Septembre
75002 Paris
Tel.: 01/44 94 20 40 · Fax: 01/42 66 15 80
(Ländervorwahl: 00 33)

**Reiseagentur in Grossbritannien:**
Associated Oceanic Agencies
103-105 Jermyn Street
London SW1Y 6 EE
Tel.: 01 71/930 56 83 · Fax: 01 71/839 19 86
(Ländervorwahl: 00 44)

**Agent in der Schweiz:**
Cosulich AG
Beckenhofstraße 26
CH-8035 Zürich
Tel.: 01/363 52 55 · Fax: 01/362 67 82
(Ländervorwahl: 00 41)

**Agent in Österreich:**
Dr. Degener
Ferdinand-Hanusch-Platz 1
5020 Salzburg
Tel.: 06 62/804 10 · Fax: 06 62/80 41 51
(Ländervorwahl: 00 43)

Ende der achtziger Jahre überraschte die italienische Reederei Grimaldi die Schiffahrtsindustrie mit der Indienststellung von zwei gewaltigen Ro-Ro-Schiffen zum Transport von Neuwagen sowie Einrichtungen für rund 60 Passagiere. Sie ist eine der letzten Reedereien, die noch Kombischiffe unterhält. Ihre Schiffe laufen Westafrika, Brasilien, Argentinien und das Mittelmeer an.

Auf der sogenannten „Southern Cross Route" (Kreuz des Südens) ähnelt die Stimmung an Bord der auf Passagierschiffen. Es finden gesellschaftliche Veranstaltungen statt: Feste, Tischtennis- und Spielkartenturniere, Sprachkurse sowie Empfangs- und Abschiedszeremonien.

## 22

Hamburg *Deutschland* → Antwerpen *Belgien* → Le Havre *Frankreich* → Vitoria *Brasilien* → Buenos Aires *Argentinien* → Santos → Paranagua → Rio de Janeiro *Brasilien* → Amsterdam *Niederlande* → Hamburg *Deutschland*

**Dauer** ca. 51 Tage

**Preise**

| | |
|---|---|
| Rundreise: | 2000 bis 5400 $ |
| Einwegpassage: | 1000 bis 3000 $ |
| PKW: | 750 $/960 $ |
| Camper: | 1300 $/1500 $ |

**Schiffe** Repubblica di Genova, 42 500 Tonnen, 54 Passagiere, Krankenstation, Swimmingpool, Diskothek, Fitneßraum, Video, Repubblica di Roma, 42 000 Tonnen, 12 Passagiere

## 23

Genua *Italien* → Barcelona *Spanien* → Rio de Janeiro → Santos → Paranagua → Itajai *Brasilien* → Livorno → Genua *Italien*

**Route** variiert

**Dauer** Genua → Rio de Janeiro 12 Tage

**Preise**

| | |
|---|---|
| Einwegpassage: | 1100 bis 1400 $ |
| PKW: | 900 $ |
| Camper: | 1300 $/1500 $ |

**Schiffe** Repubblica di Venezia,
Repubblica di Pisa,
49 000 Tonnen,
Swimmingpool, Bar, Diskothek, Video

## 37

Göteborg *Schweden* → Antwerpen *Belgien* → Southampton *Großbritannien* → *Malta* → Piräus *Griechenland* → Ashdod *Israel* → Limassol *Zypern* → Palermo → Salerno → Savona *Italien* → Barcelona *Spanien* → Setubal *Portugal* → Avonmouth *Großbritannien* → Emden *Deutschland* → Göteborg *Schweden*

**Dauer** ca. 26 Tage

**Preise**

| | |
|---|---|
| Nordeuropa → Israel/ Zypern/Griechenland: | 1380 bis 2060 $ |
| Nordeuropa → Italien (via Mittlerer Osten): | 1500 bis 2200 $ |

**Schiffe** Spes,
Fides, 33400 Tonnen, 12 Passagiere

## 42

Amsterdam *Niederlande* → Hamburg *Deutschland* → Tilbury *Großbritannien* → Antwerpen *Belgien* → Le Havre *Frankreich* → Dakar *Senegal* → Abidjan *Elfenbeinküste* → Lome *Togo* → Cotonou *Benin* → Lagos *Nigeria* → Tema *Ghana* → Abidjan *Elfenbeinküste* → Amsterdam *Niederlande*

**Dauer** ca. 33 Tage

**Preise** 1700 bis 3000 $

**Schiffe** Repubblica di Amalfi, 42500 Tonnen, Krankenstation, Swimmingpool, Fintneßraum, Diskothek Bar, Video

HORN-LINIE
Süderstraße 75
20097 Hamburg
Tel: 040/236 77-113 · Fax: 040/236 77-119

Buchungen direkt bei der Reederei oder durch jedes Reisebüro, unter anderem durch folgende Fachagenturen:

**REISEAGENTUREN IN DEUTSCHLAND:**
Hamburg-Süd Reiseagentur GmbH
Ost-West-Straße 59-61
20457 Hamburg
Tel.: 040/37 05-25 93 · Fax: 040/37 05-24 20

Frachtschiff-Touristik
Kapitän Peter Zylmann
Exhöft 12
24404 Maasholm
Tel.: 046 42/62 02 · Fax: 046 42/67 67

Frachtschiffs-Seereisen
Kapitän Helmut Hoffmann
Strandallee 110
23677 Scharbeutz
Tel.: 045 03/736 75 · Fax: 045 03/744 37

Internationale Frachtschiffreisen
Dipl. Kfm. Werner Pfeiffer
Friedrich-Storck-Weg 18a
42107 Wuppertal
Tel.: 02 02/45 23 79 · Fax: 02 02/45 39 09

YCW Yacht Charter Weltweit GmbH
Elisabethstraße 43
40217 Düsseldorf
Tel.: 02 11/38 38 31 · Fax: 02 11/37 10 00

Hamburger Abendblatt
First-Reisebüro
Große Bleiche 68
20454 Hamburg
Tel.: 040/34 72 41 81 · Fax: 040/35 48 68
(Ländervorwahl: 00 49)

**Reiseagentur in Grossbritannien:**
The Strand Cruise Center
Charing Cross Shopping Concourse
The Strand, London WC2N 4HZ
Tel.: 01 71/836 63 63 · Fax: 01 71/497 00 78
(Ländervorwahl: 00 44)

Cargo Ship Voyages Ltd.
Hemley,
Woodbridge, Suffolk IP12 4QF
Tel.: 014 73/73 62 65 · Fax: 014 73/73 62 65
(Ländervorwahl: 00 44)

**Reiseagentur in Frankreich:**
Ecrit – Mer et Voyages
3, rue Tronchet
75008 Paris
Tel: 01/44 51 01 68 · Fax: 01/40 07 12 72
(Ländervorwahl: 00 33)

**Reiseagentur in der Schweiz:**
Wagner Frachtschiffreisen
Stadlerstraße 48/Postfach
CH-8404 Winterthur
Tel.: 052/242 14 42 · Fax: 052/242 14 87
(Ländervorwahl: 00 41)

**REISEAGENTUR IN DÄNEMARK:**
Passat Sørejeser
Trade Wind Travel Service
Mosegård Park 54
3500 Vaerløse
Tel.: 42 48/54 21 · Fax: 42 48/54 21
(Ländervorwahl: 00 45)

Die HORN-LINIE ist eine alteingessene deutsche Reederei mit einer langen Tradition in der kombinierten Fracht- und Passagierschiffahrt. 1882 in Schleswig gegründet und zunächst in der Nord- und Ostseefahrt tätig, nahm die Reederei nach dem 1. Weltkrieg einen Liniendienst von Hamburg nach Westindien auf. In dieser Zeit, in der es noch keine Transatlantikflüge gab, erwarb sich die HORN-LINIE bald einen guten Ruf als Fahrgastlinie.

Heute setzt die Reederei, an der inzwischen u.a. die Compagnie Générale Maritime (Paris) beteiligt ist, fünf moderne Kühl-Container-Frachter in einem wöchentlichen Container- und RoRo-Dienst von Hamburg und anderen Häfen in Nordeuropa in die Karibik und heimkehrend mit Bananen und anderen Südfrüchten, von Zentralamerika nach Europa ein. Davon bieten auf der nachfolgend aufgeführten Route drei Schiffe je sechs Doppelkabinen für Passagiere, entweder für eine 35-Tage-Rundreise oder eine One-Way-Passage in die eine oder andere Richtung.

| | |
|---|---|
| **14** | Hamburg *Deutschland* → Felixstowe *Großbritannien* → Le Havre *Frankreich* → eventuell Ponta Delgada *Azoren* → Fort-de-France *Martinique* → Bridgetown *Barbados* → Castries St. *Lucia* → Pointe-à-Pitre *Guadeloupe* → Puerto Moin *Costa Rica* → Santo Tomas de Castilla *Guatemala* → Dover *Großbritannien* → Antwerpen *Belgien* → Hamburg *Deutschland* |
| **Dauer** | ca. 35 Tage |
| **Preise** | Rundreise: 4990 DM<br>Hamburg → Karibik/Zentralamerika:<br>ca. 13 bis 21 Tage: 2990 DM/3290 DM<br>Zentralamerika →<br>Europa (16 Tage): 2390 DM/2690 DM |
| **Schiffe** | Horncliff, Horncap, Hornbay<br>1990, 1991, 1992<br>Kombinierte Kühl-/Container-/Roro-Schiffe, Pool, Bar, Video, Fitneßraum, Sauna |
| **Rabatte** | 5 Prozent für die zweite Reise<br>10 Prozent ab der dritten Reise |
| **Abfahrt** | zwei- bis dreimal im Monat |
| **Hinweis** | Das Höchstalter beträgt 75 Jahre, ab 65 Jahren wird ein ärztliches Attest verlangt. |

## Hurtigruten

Troms Fylkes Dampskibsselskap
A/S, PO Box 548
9001 Tromsö, Norwegen
Tel.: 76 92 37 00 · Fax: 76 92 37 25
(Ländervorwahl: 00 47)

**AGENTUR IN DEUTSCHLAND:**
Norwegische Schiffahrts-Agentur GmbH
Kleine Johannisstraße 10
20475 Hamburg
Tel.: 040/37 69 30 · Fax: 040/36 41 77
(Ländervorwahl: 00 49)

**AGENTUR IN DER SCHWEIZ:**
Reisebüro Glur
Spalenring 111
CH-4009 Basel
Tel.: 061/205 94 97 · Fax: 061/205 94 95
(Ländervorwahl: 00 41)

Unter dem Namen „Hurtigruten" sind drei norwegische Reedereien zusammengefaßt (OVDS/TFDS/FFR), deren Schiffe zwischen Bergen im Süden und Kirkenes im Norden verkehren. Sie legen in zahlreichen kleinen Häfen am Ende der Fjorde an, die von den großen Kreuzfahrtschiffen nicht erreicht werden können.

Die Reederei existiert seit dem 2. Juli 1893, und die außerordentlich spektakuläre Reise genießt einen hervorragenden Ruf, so daß täglich eine Abfahrt von Bergen erfolgt. Die insgesamt zwölf Schiffe bieten großen Komfort und transportieren neben der Post PKW's sowie zwischen 144 und 230 Passagiere. Die Anlegedauer kann zwischen einer Viertelstunde und fünf Stunden variieren.

**63** Bergen → Florö → Malöy → Torvik → Alesund → Molde → Kristiansund → Trondheim → Rörvik → Bronnoysund → Sandnessjöen → Nesna → Örnes → Bodö → (Lofoten: Stamsund, Svolvaer, Stokmarknes, Sortland, Risöyhamn, Harstad) → Finnsnes → Tromsö → Skjervöy → Öksfjord → Hammerfest → Havöysund → Honningsvag → Kjöllefjord → Mehamn → Berlevag → Batsfjord → Vardö → Vadsö → Kirkenes → auf fast identischer Route zurück nach Bergen

**DAUER** 12 Tage

**PREISE** Rundreise:

| | |
|---|---|
| März/April: | 1600 bis 3770 DM |
| Mai/September: | 1700 bis 4630 DM |
| Juni bis August: | 1750 bis 6080 DM |
| Oktober: | 1580 bis 3670 DM |
| November bis Februar: | 1430 bis 3520 DM |

## Icelandic Steamship Company (Eimskip)

Eimskip
Urval Travel
Lagmula 4, PO Box 8650
Reykjavik 128, Island
Tel.: 569 93 00 · Fax: 568 50 33
(Ländervorwahl: 003 54)

**Reiseagentur in Deutschland:**
Island Tours
Raboisen 5
20095 Hamburg
Tel.: 040/33 66 57 · Fax: 040/32 42 14

Island Tours
Lerchenfeldstraße 11
80538 München
Telefon/Fax: 089/ 291 38 90
(Ländervorwahl: 00 49)

**Agent in der Schweiz:**
Island Tours
CH-Felsenrainstraße 19
8052 Zürich
Tel.: 01/302 14 00 · Fax: 01/302 14 07
(Ländervorwahl: 00 41)

Seit diese isländische Reederei wieder Passagiere auf einem ihrer Frachtschiffe mitnimmt, ist die Nachfrage derart gestiegen, daß man seine Kabine im Sommer vier bis fünf Monate im voraus buchen muß. Während des übrigen Jahres ist mit einer Wartezeit von ein bis zwei Monaten zu rechnen.

Die Passagiere müssen in Reykjavik das Schiff verlassen und können nicht an Bord übernachten. In den anderen Häfen steht es ihnen frei, ob sie auf dem Schiff bleiben, oder für ein paar Stunden die Stadt besichtigen wollen. Programme für den Landaufenthalt sowie die Übernachtung (nicht im Preis inbegriffen) arrangiert der Veranstalter.

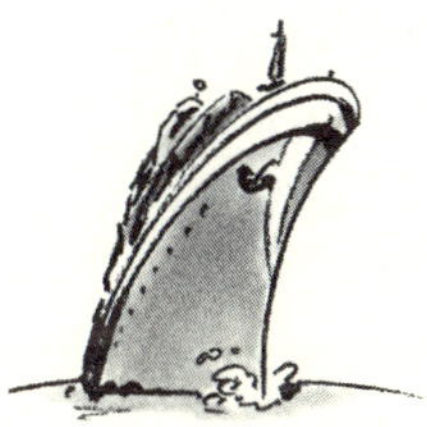

## 64 Hamburg *Deutschland* → Aarhus → Kopenhagen *Dänemark* → Helsingborg → Göteborg *Schweden* → Fredriksstad → Thorshavn *Norwegen* → Reykjavik *Island*

**Dauer** Hamburg → Reykjavik: 9 Tage

**Preise**

| | |
|---|---|
| Hamburg/ Hamburg: | 1845 bis 2865 DM |
| Hamburg → Reykjavik: | 1295 bis 2010 DM |
| Reykjavik → Hamburg: | 650 bis 1005 DM |

Nur die Strecke Hamburg → Reykjavik und zurück buchbar. Andere Teilstrecken werden nicht angeboten.

PKW: 5 Meter

| | |
|---|---|
| Rundreise: | 1155 DM |
| One-Way | 580 DM |

**Schiff** Bruarfoss, 10 000 Tonnen, TV, Video, Sauna, Fitneßraum

**Abfahrt** alle zwei Wochen

## Ivaran Line

**Reiseagentur in Deutschland:**
Hanseatic Tours
Nagelsweg 55
20097 Hamburg
Tel.: 040/239 11 01 · Fax: 040/23 16 03

**Reiseagentur in den USA:**
Ivaran Agencies, New Port Financial Center
Mrs. Eva Hansen
111 Pavonia Avenue
Jersey City NJ 07310 -1755
Tel.: 201/798 56 56 · Fax: 201/798 22 33
(Ländervorwahl: 001)

Diese norwegische Reederei wurde 1902 von Ivar Anton Christensen gegründet. Sie hält die Verbindung zwischen New York und der Ostküste Südamerikas aufrecht und hat 1988 ein Frachtschiff in Dienst gestellt, das aus dem Rahmen fällt: Die Americana ist eines der wenigen modernen Kombischiffe, ein Kompromiß zwischen einem Frachtschiff und einem Kreuzfahrtschiff.

Die Kabinen sind sehr elegant und geräumig. Dies ist zweifellos das derzeit luxuriöseste (und teuerste) Fracht-Fahrgastschiff der Welt. Es kann bis zu 80 Passagiere aufnehmen. Vielleicht das erste Fahrzeug einer neuen Generation?

Auf gleicher Strecke hat die Reederei die SAN ANTONIO, ein modernes Frachtschiff, eingesetzt, die 12 Passagiere mitnehmen kann, und ebenfalls einen hohen Ausstattungsstandard aufweist.

## 96

New Orleans *Louisiana USA* → Houston *Texas USA* → Rio de Janeiro → Santos *Brasilien* → Buenos Aires *Argentinien* → Rio Grande → Itajai → Paranagua → Santos → Salvodor → Fortaleza *Brasilien* → Bridgetown *Barbados* → San Juan *Puerto Rico* → Rio Haina *Dominikanische Republik* → Veracruz → Tampico *Mexico* → New Orleans *Louisiana USA*

**DAUER** ca. 48 Tage

**ROUTE** variiert

**PREISE** Rundreise:

| | |
|---|---|
| Hauptsaison: | 9600 bis 14 400 $ |
| Nebensaison: | 8640 bis 12 480 $ |

50 Prozent Preisermäßigung für die zweite Person bei Doppelbelegung der Einzelkabine (Etagenbett)

**SCHIFF** AMERICANA, Baujahr 1988, 19 500 Tonnen, 80 Passagiere (Kabinen mit Dusche/WC, Video, Minibar, Kühlschrank, Telefon, Tresor), Salon mit Tanzfläche, Bar, Casino, Bibliothek, Friseur, Sauna/Yacuzzi, Swimmingpool, Gesundheitsklub, Krankenstation, Animation

**HINWEIS** keine Altersbegrenzung

gleiche Route:

**SCHIFF** SAN ANTONIO (12 Passagiere), Swimmingpool, Video, 20 000 Tonnen

**PREIS** Rundreise: 5686 bis 6690 $

# Leonhardt & Blumberg

**Reiseagentur in Deutschland:**

Hamburg-Süd Reiseagentur GmbH
Ost-West-Straße 59-61
20457 Hamburg
Tel.: 040/37 05-25 93 · Fax: 040/37 05-24 20
(Ländervorwahl: 00 49)

Frachtschiff-Touristik
Kapitän Peter Zylmann
Exhöft 12
24404 Maasholm
Tel.: 046 42/62 02 · Fax: 046 42/67 67
(Ländervorwahl: 00 49)

Frachtschiffs-Seereisen
Kapitän Helmut Hoffmann
Strandallee 110 · Postfach 1120
23677 Scharbeutz
Tel.: 045 03/736 75 · Fax: 045 03/744 37

**Reiseagentur in Frankreich:**

Mer et Voyages
3, rue Tronchet
75008 Paris
Tel.: 01/44 51 01 68 · Fax: 01/40 07 12 72
(Ländervorwahl: 0033)

**Reiseagentur in den USA:**
Freighter World Cruises Inc.
180 South Lake Avenue, Suite 335
Pasadena, California 91101, USA
Tel.: 818/449 31 06 · Fax: 818/449 95 73
(Ländervorwahl: 001)

Die deutsche Reederei Leonhardt & Blumberg bietet entsprechend der Nachfrage seitens der Reisenden auf ihren Frachtschiffen Passagen von Europa nach Südamerika an.

Die Schiffe Ville d' Aquila und Ville de Carina verkehren ebenfalls auf der Route Nr. 57.

## 16

Bremen *Deutschland* → Rotterdam *Niederlande* → Felixstowe *Großbritannien* → Bilbao *Spanien* → Paramaribo *Surinam* → Georgetown *Guyana* → Port of Spain *Trinidad* → La Guaira → Puerto Cabello *Venezuela* → Willemstad *Curacao* → Oranjestad *Aruba* → Cartagena → Santa Marta *Kolumbien* → Rio Haina *Dominikanische Republik* → Bremen *Deutschland*

**Dauer** ca. 42 Tage

**Preise**

| | |
|---|---|
| Rundreise: | 5040 bis 6720 DM |
| Bremen → Georgetown: 21 Tage | 2520 bis 3360 DM |

Bremen → Oranjestad:

| | |
|---|---|
| 27 Tage | 3240 bis 4320 DM |

Bremen → Cartgena:

| | |
|---|---|
| 29 Tage | 3480 bis 4640 DM |

**Schiff** EWL West Indies, Baujahr 1996, 12 575 Tonnen, Swimmingpool, Klimaanlage, Video

## 21

Hamburg *Deutschland* → Antwerpen *Belgien* → Bilbao *Spanien* → Santos *Brasilien* → Buenos Aires *Argentinien* → Montevideo *Uruguay* → Rio Grande → Itajai → Santos → Rio de Janeiro *Brasilien* → Rotterdam *Niederlande* → Felixstowe *Großbritannien* → Hamburg *Deutschland*

**Dauer** ca. 45 bis 46 Tage

**Preise** Preise:

| | |
|---|---|
| Rundreise: | 6500 bis 9150 DM |

Hamburg → Buenos Aires:

| | |
|---|---|
| ca. 23 Tage | 2990 bis 4209 DM |

**Schiff** Contship Argentina, Klimaanlage, kleiner Swimmingpool

## 25

Livorno *Italien* → Valencia *Spanien* → San Juan *Puerto Rico* → eventuell Cartagena *Kolumbien* → Panamakanal → Guayaquil *Ecuador* → Panamakanal → Cartagena → Santa Marta *Kolumbien* → San Juan *Puerto Rico* → Livorno *Italien*

| | | |
|---|---|---|
| **Dauer** | ca. 33 Tage | |
| **Preise** | Rundreise: | 4620 bis 5440 DM |
| | Livorno → San Juan: | |
| | 10 Tage | 1400 bis 1600 DM |
| | Livorno → Guayaquil: | |
| | 16 Tage | 2240 bis 2560 DM |
| **Schiffe** | Hansa Lübeck, Hansa Bremen, Hansa Stockholm, Hansa Visby, Swimmingpool, Klimaanlage, Video, Tischtennis | |

## 60

Hamburg *Deutschland* → Felixstowe *Großbritannien* → Rotterdam *Niederlande* → Le Havre *Frankreich* → Algeciras *Spanien* → *Suezkanal* → Dschidda *Saudi-Arabien* → Port Kelang *Malaysia* → *Singapur* → *Hongkong* → Hakata *Japan* → Pusan *Südkorea* → Shanghai *China* → *Hongkong* → Yantian *China* → *Singapur* → Suezkanal → Algeciras *Spanien* → Rotterdam *Niederlande* → Hamburg *Deutschland*

**Dauer** ca. 62 Tage

**Preise**

| | |
|---|---|
| Rundreise: | 7440 bis 11656 DM |
| Hamburg → Shanghai: 36 Tage | 4320 bis 6768 DM |

**Schiffe** Maersk Colombo, Maersk Hongkong, deutsche Schiffsführung, Klimaanlage, Video, Schwimmbad, Sauna

## Martime Gesellschaft für maritime Dienstleistungen GmbH

**Reiseagentur in Deutschland:**
Hamburg-Süd Reiseagentur GmbH
Ost-West-Straße 59-61
20457 Hamburg
Tel.: 040/37 05-25 93 · Fax: 040/37 05-24 20
(Ländervorwahl: 00 49)

**Reiseagentur in den USA:**
Freighter World Cruises Inc.
180 South Lake Avenue, Suite 335
Pasadena, California 91101
Tel.: 818/449 31 06 · Fax: 818/449 95 73
(Ländervorwahl: 001)

**20** Hamburg *Deutschland* → Antwerpen *Belgien* → Algeciras *Spanien* → Rio de Janeiro → Santos *Brasilien* → Buenos Aires *Argentinien* → Rio Grande → Sao Francisco do Sul → Paranagua → Santos *Brasilien* → Algeciras *Spanien* → Rotterdam *Niederlande* → Felixstowe *Großbritannien* → Hamburg *Deutschland*

**Dauer** ca. 50 Tage

**Preise** Tagespreise: 130 bis 150 DM
Hamburg → Rio de Janeiro: ca. 17 Tage
Hamburg → Santos: ca. 18 Tage
Hamburg → Buenos Aires: ca. 22 Tage

**Schiff** Sea Amazon, Baujahr 1996,
kleiner Swimmingpool, Klimaanlage

## 62

La Spezia *Italien* → Fos-sur-Mer *Frankreich* → Barcelona *Spanien* → Piräus *Griechenland* → Suezkanal → Fremantle → Melbourne → Sydney *Australien* → Auckland → Napier → Wellington → Port Chalmers *Neuseeland* → eventuell Burnie → Melbourne → Fremantle *Australien* → *Singapur* → Colombo *Sri Lanka* → Dschidda *Saudi-Arabien* → Suezkanal → Port Said *Ägypten* → Piräus *Griechenland* → Salerno → La Spezia *Italien*

**Dauer** ca. 81 Tage

**Preise** Rundreise: 10 530 DM/11 340 DM
La Spezia → Sydney:
31 Tage 4030 DM/4340 DM

**Schiff** Nelson Bay, 28 948 Tonnen,
Swimmingpool

## Mauritius Shipping Corporation

1 Military Road Nova Building
Port Louis, Mauritius
Tel.: 242 52 55 oder 241 25 50
Fax: 242 52 45
(Ländervorwahl: 00230)

Diese Reederei gehört der Regierung von Mauritius. Ihr Kombifrachter MAURITIUS PRIDE hält eine regelmäßige Verbindung für Fracht und Passagiere zwischen Mauritius und Rodrigues (etwa 33 Rundreisen im Jahr) aufrecht. Gelegentlich werden auch Passagen zu anderen Inseln im Indischen Ozean angeboten.

**120** Port-Louis *Mauritius* → Port-Mathurin *Ile Rodrigues* oder: Port-Louis *Mauritius* → Port-Réunion *Réunion*

**PREISE**

| | |
|---|---|
| Port-Louis → Port-Mathurin: | |
| ca. 30 bis 33 Stunden | 80 bis 120 $ |
| Port-Louis → Port-Réunion: | |
| ca. 10 Stunden | 90 bis 150 $ |

**Schiff** MAURITUIUS PRIDE, 5234 Tonnen, Restaurant, Bar, Video
Abreise: zwei- bis dreimal im Monat

**Hinweis** MAURITUIUS PRIDE wurde 1990 in Dienst gestellt. Das in Deutschland gebaute Schiff mißt knapp 100 Meter und erreicht 13 Knoten. Es transportiert sowohl Container als auch Stückgut, besitzt 248 Passagiersitzplätze (Sessel) und kann weitere 16 Passagiere in Kabinen mitnehmen. An Bord befindet sich eine Cafetaria, für die Kabinenpassagiere steht eine Bar zur Verfügung.

## Mineral Shipping

Hamburg-Süd Reiseagentur GmbH
Ost-West-Straße 59-61
20457 Hamburg
Tel.: 040/37 05-25 93 · Fax: 040/37 05-24 20
(Ländervorwahl: 00 49)

**REISEAGENTUR IN DEN USA:**
Freighter World Cruises Inc.
180 South Lake Avenue, Suite 335
Pasadena, California 91101
Tel.: 818/449 31 06 · Fax: 818/449 95 73
(Ländervorwahl: 001)

Die Mineral Shipping unterhält mit ihren Schiffen einen Dienst auf der Transatlantikroute. Die Schiffe verfügen über Einrichtungen für drei bis zwölf Passagiere. Bei den Schiffen dieser deutschen Reederei handelt es sich um drei Massengutfrachter vom Typ „Tramp". Mit Abfahrtsverspätungen muß gerechnet werden. Die Schiffe sind bei manchen Liebhabern von Frachterreisen sehr beliebt. Sie wählen ausschließlich diese Reederei und schätzen vor allem den Komfort an Bord und die warmherzige Aufnahme. Außerdem liegen die Schiffe häufig mehrere Tage im Hafen, was ideal für Ausflüge ist.

Die PATTY, CLARY, CHRISTIANE bedienen die Transatlantikroute. Das Reisen auf Trampschiffen setzt eine gewisse geistige Flexibilität voraus. Diese wird jedoch reichlich belohnt: geänderte Ziele, neue Häfen und verlängerte Liegezeiten sorgen für jene unerwarteten Umstände, die der echte Reisende so schätzt.

## 6 Rotterdam *Niederlande* → Wilmington *North Carolina USA* → Brunswick → Savannah *Georgia USA* → Rotterdam *Niederlande*

**Dauer** ca. 35 Tage

**Preise**

| | |
|---|---|
| Rundreise: | 4000 DM |
| Rotterdam → Savannah: | 2000 DM |
| Fahrzeugmitnahme erlaubt: | |
| PKW/Camper bis 7 Meter: | 1300 DM |
| 7 bis 8 Meter: | 1600 DM |
| ab 8 Meter: | 2500 DM |

**Schiffe** Patty,
Clary,
Christiane,
11 000 bis 16 000 Tonnen

**Abfahrten** ein- bis zweimal im Monat

**Rabatt** im Winter 10 Prozent

**Hinweis** Das Höchstalter beträgt 82 Jahre.

## Navimag

Av. el Bosque Norte 0440, 1 piso,
Las Condes
Santiago de Chile
Tel.: 02/203 50 30 · Fax: 02/203 50 25

Av. Angelmo 2187
Puerto Montt, Chile
Tel.: 065/25 37 54 · Fax: 065/25 85 40

Pedro Montt 262
Puerto Natales, Chile
Tel.: 061/41 14 21 · Fax: 061/41 16 42
(Ländervorwahl: 00 56)

Eine spektakuläre Reise durch die Kanäle von Chilenisch-Patagonien in Richtung Feuerland mit der PUERTO EDEN. Das Ro-Ro-Schiff kann bis zu 100 Passagiere an Bord nehmen.

## 103 Reise an der Küste Chiles: Puerto Montt *Chile* → Puerto Natales *Chile*

**Dauer** 4 Tage

**Preise** 526 bis 1346 $

weitere Tarife bitte
beim Veranstalter erfragen

**Schiff** Puerto Eden

NSB Frachtschiff-Touristik
Violenstraße 22
28195 Bremen
Tel.: 04 21/32 16 68 · Fax: 0421/32 40 89
(Ländervorwahl: 00 49)

**Reiseagentur in Grossbritannien:**
The Strand Cruise Center
Charing Cross Shopping Concourse
The Strand, London WC2N 4HZ
Tel.: 01 71/836 63 63 · Fax: 01 71/497 00 78

The Cruise People Ltd.
88, York Street, London W1H 1DP
Tel.: 01 71/723 24 50 · Fax: 01 71/723 24 86
(Ländervorwahl: 00 44)

Cargo Ship Voyages Ltd.
Hemley,
Woodbridge, Suffolk
IP12 4QF
Tel.: 014 73/736 62 65
Fax: 014 73/736 62 65
(Ländervorwahl: 00 44)

**Reiseagentur in den USA:**
Freighter World Cruises Inc.
180 South Lake Avenue, Suite 335
Pasadena, California 91101
Tel.: 818/449 31 06 · Fax: 818/449 95 73

Die NSB (Niederelbe Schiffahrtsgesellschaft Bremen) wurde 1982 im Rahmen des bremischen Werftenverbunds gegründet. Ein Großteil ihrer Schiffe ist von bekannten internationalen Reedereien angemietet worden(für mehr als drei Jahre); weitere Schiffe wurden speziell für die Gesellschaft gebaut.

Der Passagierdienst besteht seit 1989. Um die Reisen in die ganze Welt besser organisieren zu können, hat die Gesellschaft eine eigene Agentur in Bremen eröffnet. Dort kann man das Auslaufdatum der Frachtschiffe etwa zwei Wochen im voraus erfahren.

Wie auf fast allen Containerschiffen beträgt der Aufenthalt in den Häfen sechs bis zwölf Stunden. Eine Ausnahme bilden Afrika, Australien und Südamerika, wo er ein bis drei Tage umfaßt.

Der Ein- und Ausstieg ist in fast allen Häfen möglich, mit Ausnahme der Suez- und Panamakanal-Häfen sowie in den meisten arabischen Ländern.

Auf den meisten Schiffen befinden sich eine Sauna, ein Fitneßraum, ein Videoraum, eine Wäscherei und ein Swimmingpool.

NSB gibt eine Rotationsliste mit den aktuellen Frachtschiffen, auf denen Passagiere mitreisen können, und den geplanten Routen heraus.

## 50

Hamburg/Emden *Deutschland* → Felixstowe *Großbritannien* → Antwerpen *Belgien* → Kapstadt → Port Elizabeth → Durban → Kapstadt *Südafrika* → Rotterdam *Niederlande* → Hamburg *Deutschland*

**DAUER** ca. 47 Tage

**PREISE** Tagespreis: 110 bis 170 DM
Hamburg → Port Elizabeth: 23 Tage
Hamburg → Durban: 25 Tage
Hamburg → Kapstadt: 28 Tage

**SCHIFFE** DORIA, 13 350 Tonnen,
Swimmingpool, Sauna, Fitnessraum, Video

## 54

Hamburg *Deutschland* → Antwerpen *Belgien* → Gioia Tauro *Italien* → Port Said → Suezkanal *Ägypten* → Dubai *Vereinigte Arabische Emirate* → Karachi *Pakistan* → Nhava Sheva *Indien* → Suezkanal → Gioia Tauro *Italien* → Felixstowe *Großbritannien* → Hamburg *Deutschland*

**DAUER** Rundreise: 51 Tage

**PREISE** Tagespreis: 110 bis 190 DM
Hamburg → Dubai: 12 Tage
Hamburg → Karachi: 23 Tage

**Schiffe** Contship Asia,
Contship Atlantic,
Contship New Zealand,
Contship Pacific,
25 000 Tonnen,
Swimmingpool, Sauna, Fitneßraum, Video

## 57

Hamburg *Deutschland* → Rotterdam *Niederlande* → Isle of Grain *Großbritannien* → Antwerpen *Belgien* → Le Havre *Frankreich* → Damietta *Ägypten* → Suezkanal → Dschidda *Saudi-Arabien* → Khor Fakkan *Vereinigte Arabische Emirate* → *Singapur* → Manila *Philippinen* → Inchon → Pusan *Südkorea* → Shanghai → Chiwan *China* → *Hongkong* → *Singapur* → Suezkanal → Port Said *Ägypten* → Le Havre *Frankreich* → Hamburg *Deutschland*

**Dauer** ca. 70 Tage

**Preise** Tagespreis: 140 bis 180 DM
Rotterdam → Manila: 32 Tage
Rotterdam → Shanghai: 41 Tage
Rotterdam → Singapur: 48 Tage

**Schiffe** Ville de Vela,
Ville de Libra,
Ville de Capella,

Ville de Sagitta,
Ville d Aquarius, 42 673 Tonnen,
Swimmingpool, Sauna, Fitneßraum, Video

## 58

La Spezia → Gioia Tauro *Italien* → Suezkanal → Dschidda *Saudi-Arabien* → Khor Fakkan *Vereinigte Arabische Emirate* → *Singapur* → Pusan *Südkorea* → Kaohsiung *Taiwan* → *Hongkong* → *Singapur* → Dschidda *Saudi-Arabien* → Gioia Tauro → La Spezia *Italien*

**Route** variiert

**Dauer** ca. 58 Tage

**Preise** Tagespreis: 130 bis 190 DM
La Spezia → Pusan: 31 Tage

**Schiffe** Ibn Sina (ex Tokyo Senator),
45 470 Tonnen,
Swimmingpool, Sauna, Fitneßraum, Video
weitere Schiffe:
American Senator
(Reederei B. Schulte),
Arabian Senator
(Reederei H. Schuldt),
Asian Senator
(Reederei Projex),

Choyang Fortune
(Reederei Dauelsberg),
Choyang Grace
(Reederei Peter Doehle),
Dsr America,
Dsr Atlantic,
Choyang Elite,
Pacific Senator,
Palermo Senator,
Patmos Senator
(Reederei Laeisz Rostock)

## 61

Hamburg *Deutschland* → Rotterdam *Niederlande* → La Spezia *Italien* → Suez *Ägypten* → Fremantle → Melbourne → Sydney *Australien* → Auckland *Neuseeland* → Melbourne → Fremantle *Australien* → *Singapur* → Suez → Port Said *Ägypten* → Piräus *Griechenland* → La Spezia *Italien* → Zeebrügge *Belgien* → Tilbury *Großbritannien* → Hamburg *Deutschland*

**Dauer** ca. 81 Tage

**Preise** Tagespreis: 140 bis 220 DM
Hamburg → Melbourne: 28 Tage
Hamburg → Singapur: 53 Tage

**Schiffe** Contship Vision, Contship Romance, 34 927 Tonnen, Swimmingpool, Sauna, Fitneßraum, Video

**90** Hamburg *Deutschland* → Rotterdam *Niederlande* → Dünkirchen → Le Havre *Frankreich* → New York *USA* → Norfolk *Virginia USA* → Charleston *South Carolina USA* → Panamakanal → Papeete *Tahiti* → Noumea *Neukaledonien* → Auckland *Neuseeland* → Melbourne *Australien* → Sydney *Australien* → Pusan *Südkorea* → Keelung *Taiwan* → *Hongkong* → *Singapur* → Suezkanal → Port Said *Ägypten* → La Spezia → Savaona *Italien* → Felixstowe *Großbritannien* → Hamburg *Deutschland*

**Dauer** ca. 104 Tage

**Preise** Tagespreis: 140 bis 220 DM
Hamburg → New York: 12 Tage
Hamburg → Papeete: 32 Tage
Hamburg → Auckland: 43 Tage
Hamburg → Sydney: 51 Tage
Hamburg → Hongkong: 69 Tage

**Schiffe** Contship Germany, Contship Lavagna, Contship Ticino, Contship Singapore, Contship Italy Contship Europe, Contship France, 22 500 Tonnen, Vollcontainerschiffe, Swimmingpool, Sauna, Fitneßraum, Video

## 92

Bremerhaven *Deutschland* → Felixstowe *Großbritannien* → Le Havre *Frankreich* → New York *USA* → Norfolk *Virginia USA* → Savannah *Georgia USA* → Manzanillo *Panama* → Long Beach *Kalifornien USA* → Oakland *Kalifornien USA* → Pusan *Südkorea* → Kaohsiung *Taiwan* → *Hongkong* → *Singapur* → Colombo *Sri Lanka* → Suezkanal → Rotterdam *Niederlande* → Bremerhaven *Deutschland*

**Route** variiert

**Dauer** ca. 77 Tage

**PREISE** Tagespreis: 160 bis 220 DM
Bremerhaven → Norfolk: 14 Tage
Bremerhaven → Manzanillo/Panama: 20 Tage
Bremerhaven → Pusan: 44 Tage
Bremerhaven → Singapur: 53 Tage

**SCHIFFE** HONGKONG SENATOR; LONDON SENATOR; WASHINGTON SENATOR; CALIFORNIA SENATOR, 45 470 Tonnen, Swimmingpool, Sauna, Fitneßraum, Video

## 93

Long Beach *Kalifornien USA* → Yokohama → Shimizu → Kobe *Japan* → Kaohsiung *Taiwan* → *Hongkong* → *Singapur* → Colombo *Sri Lanka* → Gioia Tauro *Italien* → Algeciras *Spanien* → Halifax *Kanada* → Port Elizabeth *Südafrika* → Norfolk *Virginia USA* → Charleston *South Carolina* → Algeciras *Spanien* → Gioia Tauro *Italien* → Dschidda *Saudi-Arabien* → Dubai *Vereinigte Arabische Emirate* → *Singapur* → *Hongkong* → Yantian *China* → *Hongkong* → Long Beach *Kalifornien USA*

**DAUER** ca. 98 Tage

**PREISE** auf Anfrage

**Schiffe** Sea-Land Endeavour, Sea-Land Initiative, Sea-Land Mistral, 37 549 Tonnen, Swimmingpool, Sauna, Fitneßraum, Video

## 109 Los Angeles *Kalifornien USA* → Auckland *Neusseland* → Melbourne → Sydney → Brisbane *Australien* → Oakland → Los Angeles *Kalifornien USA*

**Route** variiert

**Dauer** ca. 47 Tage

**Preise** auf Anfrage

**Schiff** Direct Currawong, 22 500 Tonnen, Swimmingpool, Sauna, Fitneßraum, Video

## 110

*Singapur* → *Hongkong* → Kaohsiung *Taiwan* → Osaka *Japan* → Pusan *Südkorea* → *Hongkong* → *Singapur* → Jebel Ali *Vereinigte Arabische Emirate* → Abu Dhabi *Abu Dhabi* → Dammam *Saudi-Arabien* → Colombo *Sri Lanka* → *Singapur*

**ROUTE** variiert

**DAUER** ca. 40 Tage

**PREISE** auf Anfrage

**SCHIFF** SEA VIGOR, 31 000 Tonnen, Swimmingpool, Sauna, Fitneßraum, Video

## 111

*Singapur* → Port Kelang → Penang → Pasir Gudang *Malaysia* → *Singapur* → *Hongkong* → Kaohsiung → Taichung → Keelung → Taichung →Kaohsiung *Taiwan* → *Hongkong* → *Singapur*

**DAUER** ca. 24 Tage

**PREISE** Tagespreis: 110 bis 170 DM
Singapur → Pasir Gudang: 6 Tage

**SCHIFF** BUXCROWN, 26 250 Tonnen, Swimmingpool, Sauna, Fitneßraum, Video

## 112

Moji *Japan* → Pusan *Südkorea* → Kaohsiung *Taiwan* → *Hongkong* → Manila *Philippinen* → Jakata *Indonesien* → Manila *Philippinen* → Kaohsiung *Taiwan* → *Hongkong* → Osaka→ Moji *Japan*

**Dauer** ca. 35 Tage

**Preise** Tagespreis: 110 bis 170 DM
Moji → Hongkong: 9 Tage
Moji → Manila: 11 Tage

**Schiff** Buxlady, 22 500 Tonnen,
Swimmingpool, Sauna, Fitneßraum, Video

## 113

*Singapur* → Jebel Ali *Vereinigte Arabische Emirate* → Damman *Saudi-Arabien* → Jebel Ali *Vereinigte Arabische Emirate* → Karachi *Pakistan* → Colombo *Sri Lanka* → *Singapur*

**Route** variiert

**Dauer** ca. 28 Tage

**Preise** Tagespreis: 150 bis 170 DM

**Schiffe** Damman Bay,
Dubai Bay, 20 283 Tonnen,
Swimmingpool, Sauna, Fitneßraum, Video

## O. P. D. R. Oldenburg Portugiesische Dampfschiff Reederei

**Reiseagenturen in Deutschland:**

Hamburg-Süd Reiseagentur GmbH
Ost-West-Straße 59-61
20457 Hamburg
Tel.: 040/37 05-25 93 · Fax: 040/37 05-24 20
(Ländervorwahl: 00 49)

Frachtschiff-Touristik
Kapitän Peter Zylmann
Exhöft 12
24404 Maasholm
Tel.: 046 42/62 02 · Fax: 046 42/67 67
(Ländervorwahl: 00 49)

**Reiseagentur in Grossbritannien:**

The Strand Cruise Center
Charing Cross Shopping Concourse
The Strand, London WC2N 4HZ
Großbritannien
Tel.: 01 71/836 63 63 · Fax: 01 71/497 00 78
(Ländervorwahl: 00 44)

**30** Rotterdam *Niederlande* → Ceuta → Melilla (spanische Enklaven an der marokkanischen Mittelmeerküste) → Cartagena *Spanien* → Felixstowe *Großbritannien* → Rotterdam *Niederlande*

**Dauer** 12 bis 14 Tage

**Preise** Rundreise:

| | |
|---|---|
| Winter: | 1090 bis 1439 DM |
| Sommer: | 1558 bis 2050 DM |

auch einfache Fahrt möglich

**Schiffe** Sevilla, 3311 Tonnen, Casablanca, 3318 Tonnen, deutsche Schiffsführung, Video

## 40

Hamburg *Deutschland* → Felixstowe *Großbritannien* → Rotterdam *Niederlande* → Funchal *Madeira/Portugal* → Las Palmas *Cran* Canaria/*Kanarische Inseln* → Santa Cruz *Teneriffa/Kanarische Inseln* → eventuell: Arrecife *Lanzarote/Kanarische Inseln* und Casablanca *Marokko* → Cadiz *Spanien* → Hamburg *Deutschland*

**Route** variiert je nach Abfahrt

**Dauer** 21 Tage

**Preise** Rundreise:

| | |
|---|---|
| Sommer: | 2970 bis 3564 DM |
| Winter: | 2079 bis 2536 DM |

**Schiffe** Opdr Cadiz,
Opdr Lisboa,
Opdr Tanger, 7827 Tonnen,
deutsche Schiffsführung Klimaanlage,
Video, deutscher Kapitän

## P & O Nedlloyd

Passenger Manager
Beagle House Braham Street
London E1 8EP
Tel.: 01 71/441 15 · 10 Fax: 01 71/441 80 54
(Ländervorwahl: 00 49)

**47** Tilbury *Großbritannien* → Le Havre *Frankreich* → Kapstadt → Port Elizabeth → Durban → Port Elizabeth → Kapstadt *Südafrika* → Zeebrügge *Belgien* → Le Havre *Frankreich* → Tilbury *Großbritannien*

**Dauer** ca. 42 Tage

**Preise** Rundreise: 3640 bis 4680 £
Tilbury → Kapstadt:
14 Tage 1430 bis 1950 £

**Schiff** City of Cape Town

**94** Tilbury *Großbritannien* → Hamburg *Deutschland* → Rotterdam *Niederlande* → um das Kap der Guten Hoffnung *Südafrika* → Fremantle → Adelaide→ eventuell: Burnie → Melbourne → Sydney → eventuell: Brisbane *Australien* → Auckland → Wellington → Lyttleton → Port Chalmers *Neuseeland* → um Kap Horn → Lissabon *Portugal* → Zeebrügge *Belgien* → Tilbury *Großbritannien*

**DAUER** ca. 82 Tage

**PREISE** Rundreise: 3600 bis 4500 £

**SCHIFFE** NEW ZEALAND PACIFIC, PALLISER BAY, PEGASUS BAY

## Polish Ocean Line

POL-America/
POL-Levant Shipping Lines Ltd.
10 Lutego 24
Gdansk 81-364
Polen
Tel.: 58/27 82 92 · Fax: 58/27 84 45
(POL America)
Fax: 58/27 82 12 (POL Levant)
(Ländervorwahl: 00 48)

**REISEAGENTUR IN DEUTSCHLAND:**
Hamburg-Süd Reiseagentur GmbH
Ost-West-Straße 59-61
20457 Hamburg
Tel.: 040/37 05-25 93 · Fax: 040/37 05-24 20
(Ländervorwahl: 00 49)

**REISEAGENTUR IN GROSSBRITANNIEN:**
Gdynia America Shipping Lines Ltd.
238 City Road
London EC1V 2QL
Tel.: 01 71/251 33 89 · Fax: 01 71/250 36 25
(Ländervorwahl: 00 44)

**Reiseagentur in den USA:**
Gdynia America Line Inc.
South Plainfield
1001 Durham Avenue
New York NY 070 80-23 03
Tel.: 908/412 60 00
Fax: 908/757 62 07 95 45
(Ländervorwahl: 001)

Die Polish Ocean Lines ging 1951 aus den polnischen Gdynia-America Shipping Lines hervor und bietet seitdem ununterbrochen Passagierkabinen auf ihren Frachtschiffen an. In den letzten Jahren wurde die Reederei umstrukturiert und in mehrere Tochtergesellschaften aufgeteilt, eine für den amerikanischen Kontinent, eine für das Mittelmeer und eine für den Mittleren Osten. Eine gewisse Anzahl ihrer beliebten Routen (in den Fernen Osten und in die Vereinigten Staaten) wurde – möglicherweise vorübergehend – eingestellt, und einige Schiffe wurden an andere Reedereien vermietet.

Die POL bieten dennoch weiterhin attraktive Reisen an, und zwar zu den niedrigsten Preisen auf dem Markt. Ihre Kabinen sind vielleicht nicht so luxuriös wie auf manchen hochklassigen Frachtschiffen. Die Atmosphäre an Bord ist jedoch herzlich und gastfreundlich. Ein Tapetenwechsel ist garantiert. Die POL gehört zu jenen, die ihren Passagierdienst allen Widrigkeiten zum Trotz aufrecht erhalten hat, während andere Reedereien ihre Kabinen für Passagiere geschlossen halten. Sie besitzt zahlreiche Frachtschiffe, die alle Meere befahren.

Ein guter Rat: Reisen Sie einmal (mit einem Frachtschiff) nach Danzig, dem Sitz der POL. Die Gegend ist reizend und wird meist verkannt.

Bis Ende 1980 unterhielt die POL einen der letzten Transatlantikdienste. Auf ihrem Passagierschiff STEFAN BATORY herrschte ein nostalgischer Charme und eine unvergeßliche Atmosphäre.

**15** Gdansk → eventuell Uddevalla *Schweden* → Kingston *Jamaika* → Puerto Cabello *Venezuela* → Cartagena *Kolumbien* → Puerto Limón *Costa Rica* → Puerto Cortés *Honduras* → Santo Tomas de Castilla *Guatemala* → New Orleans/Houston *USA* → *Polen*

**ROUTE** variiert

**DAUER** Gdansk → Puerto Cabello: ca. 20 Tage

**PREISE** Rundreise: ca. 2,5 bis drei Monate

| | |
|---|---|
| Rundreise: | 4800 bis 5280 DM |
| Gdansk → Venezuela: | 1600 bis 1760 DM |
| Gdansk → Puerto Limón: | 1920 bis 2115 DM |

**Schiffe** T. Ocioszynski 11 812 Tonnen,
E. Kwiatkowski 11 812 Tonnen,
Grunwald 11 870 Tonnen

**Wichtig** Je nach Reise werden nicht unbedingt alle Häfen angelaufen, die aufgeführt sind.

## 24 Gdansk *Polen* → Uddevalla *Schweden* → Santos *Brasilien* → Montevideo *Uruguay* → Buenos Aires *Argentinien* → Rotterdam *Niederlande* → Gdansk *Polen*

**Route** variiert

**Dauer** ca. 2 Monate

**Preise**

| | |
|---|---|
| Rundreise: | 4800 DM/5280 DM |
| Gdansk → Santos: | 1440 DM/1585 DM |

**Schiffe** Jastarnia Bor,
Jurata,
Kuznica,
Wladyslawowo, 14 150 Tonnen,
12 Passagiere

## 26

Gdansk *Polen* → Hamburg *Deutschland* → Antwerpen *Belgien* → Panamakanal → Guayaquil *Ecuador* → Callao *Peru* → eventuell: Arica und Antofagasta → Valparaiso *Chile* → weitere südamerikanische Häfen → westeuropäischer Hafen → Gdansk *Polen*

**Dauer** 2,5 bis 3 Monate

**Preise**

| | |
|---|---|
| Rundreise: | 5280 DM/5810 DM |
| Hamburg → Guayaquil 20 Tage: | 1840 DM/2025 DM |
| Hamburg → Callao 24 Tage: | 2080 DM/2290 DM |
| Hamburg → Valparaiso 28 Tage: | 2640 DM/2905 DM |

**Schiffe** Lublin II,
Krakow II,
Szczecin, 11 573 Tonnen, 12 Passagiere,
Luta, 12 233 Tonnen, 8 Passagiere

**Abfahrt** monatlich

# 34 Hamburg *Deutschland* → Gdansk *Polen* → eventuell Casablanca *Marokko* → Alexandria *Ägypten* → Beirut *Libanon* → Latakia *Syrien* → Gdansk *Polen*

| | | |
|---|---|---|
| **Route** | variiert | |
| **Dauer** | ca. 32 Tage | |
| **Preise** | Rundreise: | 1750 DM |
| | Hamburg → Casablanca<br>ca. 11 Tage | 700 DM |
| **Schiffe** | Chodziez,<br>Wloclawek,<br>Tychy,<br>Zeran , 15 700 Tonnen,<br>Swimmingpool | |
| **Abfahrt** | ein- bis zweimal im Monat | |

## Reederei F. Laeisz GmbH

Postfach 401403
18125 Rostock
Tel.: 03 81/458 41 51 · Fax: 03 81/458 41 31
(Ländervorwahl: 00 49)

**Reiseagenturen in Deutschland:**
Hamburg-Süd Reiseagentur GmbH
Ost-West-Straße 59-61
20457 Hamburg
Tel.: 040/37 05-25 93 · Fax: 040/37 05-24 20
(Ländervorwahl: 00 49)

Frachtschiff-Touristik
Kapitän Peter Zylmann
Exhöft 12
24404 Maasholm, Deutschland
Tel.: 046 42/62 02 · Fax: 046 42/67 67

Frachtschiffs-Seereisen
Kapitän Helmut Hoffmann
Strandallee 110 Postfach 1120
23677 Scharbeutz
Tel.: 045 03/736 75 · Fax: 045 03/744 37
(Ländervorwahl: 00 49)

**Agentur in der Schweiz:**
Wagner Frachtschiffreisen
Stadlerstraße 48/Postfach
CH-8404 Winterthur
Tel.: 052/242 14 42 · Fax: 052/242 14 87
(Ländervorwahl: 00 41)

**Reiseagentur in den USA:**
Freighter World Cruises Inc.
180 South Lake Avenue, Suite 335
Pasadena, California 91101
Tel.: 818/449 31 06 · Fax: 818/449 95 73
(Ländervorwahl: 001)

Im Zuge der Privatisierung der Deutschen Seereederei Rostock (DSR) werden die Frachtschiffpassagen seit Januar 1995 von der Reederei F. Laeisz GmbH Rostock betreut. Die Reederei befördert auf folgenden Schiffen Passagiere: DSR AMERICA, DSR ATLANTIC, CHOYANG ELITE, PACIFIC SENATOR, PALERMO SENATOR, PATMOS SENATOR. Die Schiffe werden auf den Routen Nr. 4 und Nr. 58 eingesetzt.

## Relais Nordik

Relais Nordik
205 Léonidas, Rimouski
Québec, G5L 2T5
Tel.: 418/723 87 87 · Fax: 418/722 93 07
(Ländervorwahl: 001)

**Reiseagentur in Grossbritannien:**
The Strand Cruise Center
Charing Cross Shopping Concourse
The Strand, London WC2N 4HZ
Großbritannien
Tel.: 071/836 63 63 · Fax: 071/497 00 78
(Ländervorwahl: 00 44)

Die kanadische Reederei sichert seit einiger Zeit die Verbindung zwischen Rimouski an der Mündung des Sankt-Lorenz-Stroms und den kleinen Häfen im äußersten Osten der Provinz Quebec an der Meerenge von Belle-Isle, die Neufundland vom Festland trennt. Das Schiff gehört einer Privatreederei, wird jedoch zu 60 Prozent von der Regierung subventioniert, damit die Tickets nicht zu teuer sind und die Bewohner dieser entlegenen Region nicht benachteiligt werden.

Das Küstenschiff Nordik Express kann bis zu 60 Passagiere transportieren und legt rund 15 Mal an. Man kann ein Fahrrad mieten und an Bord nehmen, um die Zeit in den Häfen besser zu nutzen. Außerdem hat man die Möglichkeit, das Schiff zu verlassen und erst einige Tage später weiterzufahren. Die Route bietet eine einzigartige Gelegenheit, Blau- und Weißwale sowie Seehunde zu beobachten und das Nordlicht zu erleben. Im April ist der Sankt-Lorenz-Strom noch von Packeis bedeckt, was eine spektakuläre Reise garantiert. Es ist ratsam, seinen Platz einen Monat im voraus zu buchen.

**3** Rimouski → Sept-Iles → Port Menier (Ile Anticosti) → Havre-Saint-Pierre → Baie Johan Beetz → Natashquan → Kegashka → La Romaine → Harrington Harbour → Tête-à-la-Baleine → La Tabatière → Saint Augustin → Vieux-Fort → Blanc-Sablon → Vieux-Fort → Saint Augustin → La Tabatière → Tête-à-la-Baleine → Harrington Harbour → La Romaine → Kegashka → Natashquan → Baie Johan Beetz → Havre-Saint-Pierre → Port Menier → Sept-Iles → Rimouski

**PREISE**

| | |
|---|---|
| Rundreise: | 739,48 CAN $ |
| Rimouski → Blanc-Sablon (4 Tage): | 392,47 CAN $ |
| Übernachtung an Bord: | 30,77 CAN $ |

(Stand 1996)

**SCHIFF** NORDIK EXPRESS, 1619 Tonnen, 60 Passagiere, Salon, Video, Restaurant

## Safmarine

BP Centre, Thibault Square
Cape Town 8001
PO Box 27 & 2171
Cape Town 8000, Südafrika
Tel.: 021/408 69 11 · Fax: 021/408 63 70
(Ländervorwahl: 00 27)

**Reiseagentur in Grossbritannien:**
Pathfinder
Marine Travel Consultants
Marine Personnel Placement
PO Box 461
Southampton S015 2ZE
Tel.: 017 03/33 44 15 · Fax: 017 03/33 44 16
(Ländervorwahl: 00 44)

Die 1946 gegründete Union-Castle/Safmarine versah ursprünglich den Postdienst zwischen dem Vereinigten Königreich und Südafrika. 1977 wurde ihr letztes Postschiff, die S.A. Vaal, außer Dienst gestellt.

Heute sind vier weiße Vollcontainerschiffe (sogenannte „Big Whites"), die in Frankreich gebaut wurden, die Flaggschiffe der südafrikanischen Reederei.

Sie verkehren abwechselnd alle neun Tage im Liniendienst zwischen Großbritannien und Südafrika (27 Reisen pro Jahr in jede Richtung). Der Service an Bord ist vorzüglich.

## 13

Amsterdam *Niederlande* → Le Havre *Frankreich* → Ponce *Puerto Rico* → Port of Spain *Trinidad* → La Guaira → Puerto Cabello *Venezuela* → Willemstad *Curacao* → Oranjestad *Aruba* → Santa Marta → Cartagena *Kolumbien* → Puerto Limón *Costa Rica* → Kingston *Jamaika* → Amsterdam *Niederlande* → Bremerhaven → Hamburg *Deutschland* → Felixstowe *Großbritannien*

**DAUER** ca. 42 Tage

**PREISE** Rundreise: 3050 bis 3300 £

**SCHIFF** AUTHOR, 28 031 Tonnen, britsche und südafrikanische Schiffsführung, Swimmingpool, Bar, Video

**49** Tilbury *Großbritannien* → Le Havre *Frankreich* → Kapstadt → Port Elizabeth → Durban → Port Elizabeth → Kapstadt *Südafrika* → Zeebrügge *Belgien* → Le Havre *Frankreich* → Tilbury *Großbritannien*

**Preise**

Hauptsaison:
Tilbury/Kapstadt
oder Kapstadt/Tilbury:
ca. 14 Tage — 1950 bis 3675 $

Nebensaison:
Tilbury/Kapstadt oder
Kapstadt/Tilbury: — 1460 bis 2590 $

**Schiffe**

S.A. Helderberg,
S.A. Winterberg,
S.A. Waterberg,
S.A. Sederberg,
Dal Kalahari, 52 682 Tonnen,
Swimmingpool, Bad, Video

## St. Helena Shipping Company

Curnow Shipping Ltd., The Shipyard
Porthleven, Helston,
Cornwell TR13 9JA, Großbritannien
Tel.: 013 26/56 34 34 · Fax: 013 26/56 43 47
(Ländervorwahl: 00 44)

**Reiseagentur in Frankreich:**
Ecrit – Mer et Voyages
3, rue Tronchet
75008 Paris
Tel.: 01/44 51 01 68 · Fax: 01/40 07 12 72
(Ländervorwahl: 00 33)

**Agent in der Schweiz:**
Cosulich AG
Beckenhofstraße 26
CH-8035 Zürich
Tel.: 01/363 52 55 · Fax: 01/362 67 82
(Ländervorwahl: 00 41)

**Agent in Südafrika:**
St. Helena Line Pty. Ltd.
2nd Floor B.P. Centre, Thibault Square
Kapstadt
Tel.: 21/25 11 65 · Fax: 21/21 74 85
(Ländervorwahl: 00 27)

Die Insel St. Helena ist eine Zwischenstation auf dem Weg von Großbritannien nach Südafrika. Sie liegt völlig verlassen etwa 1200 Meilen von der afrikanischen Küste entfernt im Südatlantik und kann nicht auf dem Luftweg erreicht werden, weil sie keinen Flughafen besitzt. Dies erklärt, weshalb die Route mitten im Zeitalter des Flugzeugs noch von einem Kombischiff bedient wird. Es bildet das einzige Bindeglied zwischen der britischen Insel und der restlichen Welt.

Früher wurde die Route von Union-Castle bedient. Seit etwa 15 Jahren hat Curnow Shipping diesen Dienst übernommen. Sein 1990 gebautes Kombischiff RMS St. Helena erfreut sich größter Beliebtheit.

RMS ist die Abkürzung für „Royal Mail Ship", denn die St. Helena befördert die Post zu jener Insel, die durch Napoleons Exil und Tod Berühmtheit erlangte. (Heute heißt es, er wäre von seinen Angehörigen vergiftet worden.)

Das Schiff verkehrt außerdem einmal jährlich zwischen Kapstadt und der Inselgruppe Tristan da Cunha.

Die St. Helena ist eine wahre Perle und kann 128 Passagiere aufnehmen. Sie sichert einen der letzten Liniendienste mit Kombischiffen. Zahlreiche schwärmerische Artikel wurden über das anmutige Schiff geschrieben, das aus einer anderen Zeit zu stammen scheint und alle Merkmale eines kleinen eleganten Passagierschiffes aufweist.

Lesen wir, was Geneviève Fidani, die als Passagier auf der St. Helena fuhr, in einem Artikel in „Le Monde" über den Charme der Insel schreibt:

„Nahe den hundertjährigen Stufen, wo die Barken zum Schiff ankern, träumt ein Greis laut vor sich hin. Er behauptet, 100 Jahre zu sein, vielleicht auch älter. Doch seine Augen gleichen denen eines jungen Mannes. Die Zeit spielt keine Rolle mehr. Ein Offizier der ST. HELENA erzählt, er habe eine Sirene in den schwarzen Wassern der Bucht gesehen. Man glaubt es ihm."

**HINWEIS** Während der Reise in südlicher Richtung müssen sich die Passagiere grundsätzlich auf Sankt Helena ausschiffen und dort auf eigene Kosten manchmal bis zu acht Tage bleiben. (Die Arrangements erledigt die Reederei.)

## 48

Cardiff *Großbritannien* → Teneriffa *Kanarische Inseln* → Georgetown *Ascencion-Inseln* → Jamestown *Sankt-Helena* → Georgetown *Ascencion-Inseln* → Jamestown *Sankt-Helena* → Kapstadt *Südafrika* → Jamestown *Sankt-Helena* → Georgetown *Ascencion-Inseln* → Jamestown *Sankt-Helena* → Banjul *Gambia* → *Teneriffa/Kanarische Inseln* → Cardiff *Großbritannien*

ein Mal pro Jahr: Kapstadt *Südafrika* → Edinburgh Settlement *Tristan da Cunha* → Kapstadt *Südafrika* weitere Reisen: Kapstadt *Südafrika* → Jamestown *Sankt-Helena* → Kapstadt *Südafrika*

| | | |
|---|---|---|
| **Preise** | Cardiff → Teneriffa: | |
| | 5 Tage | 385 bis 825 £ |
| | Cardiff → Ascencion-Inseln: | |
| | 12 Tage | 925 bis 1980 £ |
| | Cadriff → Sankt Helena: | |
| | 14 Tage | 555 bis 2165 £ |
| | Cardiff → Kapstadt: | |
| | ca. 28 Tage | 1390 bis 3005 £ |

**Schiff** St. Helena, 6767 Tonnen, 128 Passagiere, Salons, Bar, Restaurant, Animation, Bibliothek, Bordladen, Swimmingpool, Tischtennis, Gottesdienst, Krankenstation

# Transeste

**Reiseagenturen in Deutschland:**

Hamburg-Süd Reiseagentur GmbH
Ost-West-Straße 59-61
20457 Hamburg
Tel.: 040/37 05-25 93 · Fax: 040/37 05-24 20
(Ländervorwahl: 00 49)

Frachtschiff-Touristik
Kapitän Peter Zylmann
Exhöft 12
24404 Maasholm, Deutschland
Tel.: 046 42/62 02 · Fax: 046 42/67 67

Frachtschiffs-Seereisen
Kapitän Helmut Hoffmann
Strandallee 110 Postfach 1120
23677 Scharbeutz
Tel.: 045 03/736 75 · Fax: 045 03/744 37
(Ländervorwahl: 00 49)

**Reiseagentur in Frankreich:**

Ecrit – Mer et Voyages
3, rue Tronchet
75008 Paris
Tel.: 01/44 51 01 68 · Fax: 01/40 07 12 72
(Ländervorwahl: 00 33)

## 56 Hamburg *Deutschland* → Rotterdam *Niederlande* → Piräus *Griechenland* → Suezkanal → Akaba *Jordanien* → Dschidda *Saudi-Arabien* → Hodeida *Yemen* → Karachi *Pakistan* → Bombay *Indien* → Suezkanal → Damietta *Ägypten* → Valencia *Spanien* → Thamesport *Großbritannien* → Hamburg *Deutschland*

**Dauer** 50 bis 55 Tage

| | | |
|---|---|---|
| **Preise** | Rundreise: | 6250 bis 9075 DM |
| | Hamburg → Bombay: 30 Tage | 3960 bis 4950 DM |

**Schiffe** Exporter, 20 140 Tonnen, deutsche Schiffsführung, Klimaanlage, Swimmingpool, Video

weitere Schiffe auf dieser Strecke: Energy, 20 140 Tonnen (Reederei Interorient), Elite, 20 150 Tonnen (Reederei Winter), Klimaanlage, Swimmingpool, Video

**Hinweis** Einstieg in Piräus nicht möglich

## 95

**Route 1**: Port Everglades *Florida USA* → New Orleans *Louisiana USA* → Puerto Cortés *Honduras* → Santo Tomas de Castilla *Guatemala* → New Orleans *Louisiana USA* → Port Everglades *Florida USA*

**Route 2**: Port Everglades *Florida USA* → Puerto Limón *Costa Rica* → Manzanillo *Panama* → Cartagena *Kolumbien* → Rio Haina *Dominikanische Republik* → Cartagena *Kolumbien* → Manzanillo *Panama* → Puerto Limón *Costa Rica* → Port Everglades *Florida USA*

**Dauer** Route 1: ca. 12 Tage
Route 2: ca. 16 Tage

**Preise**

| | | |
|---|---|---|
| Preise | Route 1: | 1500 bis 1880 DM |
| | Route 2: | 2000 bis 2500 DM |
| | Kombination Route 1 und Route 2: 28 Tage | 3500 bis 4380 DM |

**Schiffe** Widukind,
Ulf Ritscher, 15 174 Tonnen,
deutsche Besatzung, Swimmingpool,
Klimaanlage, Video

# Agenturen

## Cargo Voyages Trans-Ocean

BP 41
56470 La Trinité-sur-mer
Tel.: 02/97 30 08 33 · Fax: 02/97 30 03 47
(Ländervorwahl: 00 33)

Diese kleine Agentur entstand auf Anregung von Pierre Sarrot. Sie hat ihren Sitz in einer der schönsten maritimen Gegenden der Bretagne und bietet unterschiedliche Schiffsreisen an.

## Ecrit – Mer et Voyages

3, rue Tronchet
75008 Paris
Tel.: 01/44 51 01 68 · Fax: 01/40 07 12 72
(Ländervorwahl: 00 33)

Diese Agentur für Seereisen wurde 1994 auf Anregung der Spezialisten für Kreuzfahrt und Tourismus der Reisegesellschaft „Ecrit" gegründet. Deren Abteilung „Frachtschiffreisen" entstand als unmittelbare Folge der Veröffentlichung der französischen Originalausgabe dieses Buches.

Mer et Voyages ist die erste französische Agentur, die sich auf Frachtschiffe spezialisiert. Zahlreiche Passagiere sind bereits durch ihre Vermittlung auf große oder kleine Fahrt gegangen. Die Agentur hat ihren Sitz im Zentrum von Paris. Sie bietet Reisen auf unterschiedlichsten Frachtschiffen zu zahlreichen nahen und fernen Zielen an und sogar Fahrten rund um die Welt mit einzigartigen Zwischenstopps im Südpazifik.

Mer et Voyage vertritt u.a. die St. Helena, jenes anmutige Schiff, das es mit den legendären alten Fracht-Passagierschiffen aufnehmen kann und die Verbindung zwischen Großbritannien, der Insel St. Helena und Südafrika aufrecht hält.

Als einzige vermittelt die Agentur darüber hinaus eine außergewöhnliche Reise an Bord der Marion

DUFRESNE, jenem neuen Kleinod der französischen ozeanographischen Flotte (1995 in Dienst gestellt), das als Versorgungsschiff für das Südpolargebiet fungiert.

Das Schiff, das mit der neuesten Technologie ausgerüstet ist, kann rund 30 Passagiere unter luxuriösen Bedingungen an Bord nehmen. Als Besonderheit erhalten die Reisenden die Möglichkeit, bei wissenschaftlichen Experimenten an Bord sowie in den spektakulären Gewässern des Indischen Ozeans und der Antarktis teilzunehmen. Es ist ein teures Abenteuer, aber einzigartig auf der Welt und findet in faszinierenden Gegenden statt. Es sei darauf hingewiesen, daß die MARION DUFRESNE ein Mal jährlich nach Frankreich zurückkehrt, so daß man die Möglichkeit hat, mit ihr eine Fahrt von Europa nach La Réunion zu unternehmen.

Mer et Voyage bietet in Zusammenarbeit mit den großen deutschen Agenturen viele im Buch vorgestellten Reisen an.

**123** St. Denis *Réunion* → Archipel de Crozet → Kerguelen → Saint Paul et Amsterdam *Terres Australes et Antarctiques Francaiçes* → St. Denis *Réunion*

**DAUER** ca. 20 bis 30 Tagen

## Frachtschiff-Touristik Kapitän Peter Zylmann

Exhöft 12
24404 Maasholm, Deutschland
Tel.: 046 42/62 02 · Fax: 046 42/67 67
(Ländervorwahl: 00 49)

Diese Agentur wurde 1986 von Peter Zylmann gegründet, einem ehemaligen Kapitän auf großer Fahrt. Sie liegt direkt an einem kleinen Fischerhafen, nicht weit vom Nordostseekanal entfernt, der von zahlreichen Frachtschiffe befahren wird. Die Agentur Frachtschiff-Touristik Kapitän Zylmann vergrößert sich ständig. 1994 übernahm sie die Hamburger Margis Reiseagentur.

In ihrem Katalog findet man so faszinierende Routen wie „Hamburg → Rio de Janeiro" oder „Hamburg → Manila → Shanghai", die auch in der Regel als Teilstrecken buchbar sind.

Auch etliche Kurzreisen auf der Nordsee, der Ostsee und dem Mittelmeer sind verzeichnet. Das Angebot stellt eine Fundgrube für jene dar, die eine Frachtschiffreise erst einmal *ausprobieren* möchten. Insgesamt hat man den Eindruck, daß der ehemalige Kapitän mit Erfolg weniger bekannte Reedereien aufspürt und sie animiert, ebenfalls Passagiere an Bord zu nehmen.

**4** La Spezia *Italien* → Fos-sur-mer *Frankreich* → Valencia *Spanien* → New York *USA* → Norfolk *Virginia USA* → Savannah *Georgia USA* → Valencia *Spanien* → La Spezia *Italien*

| | | |
|---|---|---|
| **Dauer** | ca. 31 bis 32 Tage | |
| **Preise** | Rundreise: | 3596 bis 5642 DM |
| | La Spezia → New York: | 1508 bis 2366 DM |

**Schiffe**
DSR AMERICA,
DSR ATLANTIC,
CHOYANG ELITE,
PACIFIC SENATOR,
PALERMO SENATOR,
PATMOS SENATOR
(Reederei Laeisz Rostock),
CHOYANG PHOENIX
(Reederei Karl Schlüter),
IBN SINA (ex TOKYO SENATOR) (NSB)
Alle Schiffe verfügen über Klimaanlage, Video und Swimmingpool.

## 7 Antwerpen *Belgien* → Chester *Pennsylvania USA* → Richmond *Virginia USA* → Chester *Pennsylvania USA* → Antwerpen *Belgien*

| | | |
|---|---|---|
| **Dauer** | ca. 4 Wochen | |
| **Preise** | Rundreise: | 4790 bis 5750 DM |
| | Antwerpen → Chester: ca. 12 Tage | 1784 bis 2372 DM |
| **Schiff** | INDEPENDENT MERCHANT (Reederei Karl Schlüter), 13 519 Tonnen, Swimmingpool, Sauna, Fitneßraum, Video | |

## 17 Antwerpen *Belgien* → Manaus → Belem *Brasilien* → Rouen/Honfleur *Frankreich* → Bremen *Deutschland*

| | | |
|---|---|---|
| **Dauer** | ca. 50 bis 53 Tage | |
| **Preise** | Rundreise: | 4997 bis 6997 DM |
| **Schiffe** | HAPAG LLOYD AMAZONAS, 7500 Tonnen, RICKMERS BRASIL 9945 Tonnen, (Reederei Flensburger Befrachtungskontor U.C.H.), deutsche Schiffsführung, | |

Klimaanlage, Video,
auf der RICKMERS BRASIL zusätzlich Swimmingpool

**HINWEIS** Malariaprophylaxe, Gelbfieber- und Choleraimpfung, ärztliches Attest ab 40 Jahren

## 18

Genua/Livorno *Italien* → Marseille *Frankreich* → Barcelona *Spanien* → Vitoria → Santos *Brasilien* → Buenos Aires *Argentinien* → Montevideo *Uruguay* → Sao Francisco do Sul → Santos → Vitoria/Salvador *Brasilien* → Santa Cruz *Teneriffa Kanarische Inseln* → Las Palmas *Cran Canaria Kanarische Inseln* → Valencia/Barcelona *Spanien* → Neapel → Livorno/Genua *Italien*

**DAUER** ca. 46 bis 50 Tage

**PREISE** Rundreise:

| | |
|---|---|
| 50 Tage | 6600 bis 10200 DM |
| Italien → Santos: | |
| 17 Tage | 2244 bis 3468 DM |

**SCHIFF** ZIM ARGENTINA (Reederei Transestc), deutsche Schiffsführung,
Tischtennis, Swimmingpool, Sonnendeck, Video, Klimaanlage

## 27

Hamburg *Deutschland* → Antwerpen *Belgien* → Felixstowe *Großbritannien* → Bilbao *Spanien* → Cartagena *Kolumbien* → Panamakanal → Buenaventura *Kolumbien*-Guayaquil *Ecuador* → Callao *Peru* → Arica/Iquique *Chile* → Valparaiso → Lirquén → Antofagasta *Chile* → Guayaquil *Ecuador* → Buenaventura *Kolumbien* → Panamakanal → Cartagena *Kolumbien* → Bilbao *Spanien* → eventuell: Dünkirchen *Frankreich* → Rotterdam *Niederlande* → Hamburg *Deutschland*

**Dauer** ca. 9 Wochen

**Preise**

| | | |
|---|---|---|
| | Rundreise: | 8505 bis 13 872 DM |
| | Hamburg → Valparaiso: 31 Tage | 4092 bis 6324 DM |

**Schiffe**

CCNI ANTOFAGASTA (Reederei „Nord“, K. E. Oldendorff GmbH), 20 150 Tonnen, Swimmingpool, Klimaanlage, Video

## 33

Felixstowe *Großbritannien* → Hamburg *Deutschland* → Rotterdam *Niederlande* → Antwerpen *Belgien* → Tunis *Tunesien* → Alexandria → Port Said *Ägypten* → Beirut *Libanon* → Tartous *Syrien* → Mersin → Izmir *Türkei* → Salerno *Italien* → Felixstowe *Großbritannien*

**DAUER** ca. 32 Tage

**PREISE** Rundreise: 3872 bis 5440 DM

**SCHIFFE** CITY OF TUNIS (Reederei K. Schlüter), UB TIGER (ex BEIRUT)

## 35

Hamburg *Deutschland* → Limassol *Zypern* → Ashdod → Haïfa *Israel* → Felixstowe *Großbritannien* → Antwerpen *Belgien* → Rotterdam *Niederlande* → Hamburg *Deutschland*

**DAUER** ca. 28 Tage

**PREISE**

| | |
|---|---|
| Rundreise: | 3799 bis 5049 DM |
| Hamburg → Zypern: 10 Tage | 1139 bis 1689 DM |
| Hamburg → Israel (erster Hafen): 12 Tage | 1359 bis 2025 DM |

**Schiff** NAUTIQUE (Reederei Interorient), 20 000 Tonnen, deutsche Schiffsführung, kleiner Swimmingpool, Klimaanlage, Video

**38** Rotterdam *Niederlande* → Bilbao *Spanien* → Le Havre *Frankreich* → Felixstowe *Großbritannien* → Rotterdam *Niederlande*

**Dauer** ca. 7 Tage

**Preise** Rundreise: 838 bis 980 DM

**Schiff** ELISABETH, 5700 Tonnen (Kapitän Manfred Draxl Schiffahrts GmbH), Klimaanlage, Video

**39** Portugalfahrt:
**Route 1:** Rotterdam *Niederlande* → Lissabon → Leixoes *Portugal* → Felixstowe → Southampton *Großbritannien* → Lissabon → Leixoes *Portugal* Felixstowe *Großbritannien* → Rotterdam *Niederlande*

**Route 2:** Rotterdam *Niederlande* → Lissabon → Leixoes *Portugal* → Vigo *Spanien* → Le Havre *Frankreich* → Antwerpen *Belgien*

**Route 3:** Antwerpen *Belgien* → Leixoes → Lissabon *Portugal* → Rotterdam *Niederlande*

**Route 4:** Rotterdam *Niederlande* → Lissabon → Leixoes *Portugal* → Rotterdam *Niederlande*

**Schiffe und Preise**

OPDR-Douro, 4750 Tonnen (Oldenburg Portugiesische Dampfschiff Reederei), deutsche Schiffsführung, Klimaanlage, Video

| | |
|---|---|
| Rundreise: 19 Tage | 2587 bis 2872 DM |
| Rundreise: 10 bis 11 Tage | 1523 bis 1688 DM |
| Rundreise: 8 bis 9 Tage | 1257 bis 1392 DM |
| One-Way: ca. 4 bis 6 Tage | 991 bis 1096 DM |

OPDR-Tejo, 4650 Tonnen (Oldenburg Portugiesische Dampfschiff Reederei), deutsche Schiffsführung, Klimaanlage, Video

| | |
|---|---|
| Rundreise: 19 Tage | 2454 bis 2872 DM |
| Rundreise: 10 bis 11 Tage | 1446 bis 1688 DM |
| Rundreise: 8 bis 9 Tage: | 1194 bis 1392 DM |
| One-Way: ca. 4 bis 6 Tage | 991 bis 1096 DM |

## 51

Hamburg → Emden *Deutschland* → Felixstowe *Großbritannien* → Antwerpen *Belgien* → Kapstadt → Port Elizabeth → Durban → Kapstadt *Südafrika* → Rotterdam *Niederlande* → Hamburg *Deutschland*

**Dauer** ca. 48 Tage

**Preise**

| | |
|---|---|
| Rundreise: | 7176 bis 8789 DM |
| Hamburg → Kapstadt: 20 Tage | 2990 bis 3740 DM |

**Schiffe** Maria Rickmers (Reederei B. Rickmers), 14 200 Tonnen,
Nordsky,
Nordlight (Reederei „Nord“, K. E. Oldendorff GmbH), 14 120 Tonnen, Swimmingpool, Klimaanlage

## 53

Hamburg *Deutschland* → Antwerpen *Belgien* → Felixstowe *Großbritannien* → Fos-sur-mer *Frankreich* → Suezkanal → Djibouti *Djibouti* → Dar es-Salaam *Tansania*→ Mombasa *Kenia* → Djibouti *Djibouti* → Port Sudan *Sudan* → Suezkanal → Hamburg *Deutschland*

**Dauer** ca. 56 Tage

| | | |
|---|---|---|
| **Preise** | Rundreise: | 5650 bis 8052 DM |
| | Hamburg → Mombasa: | |
| | ca. 30 Tage | 3050 bis 4360 DM |

**Schiffe** Barrister, City of Liverpool Victoria Bay (Reederei Christian F. Ahrenkiel GmbH & Co.), 26 140 Tonnen, deutsche Schiffsführung, Swimmingpool, Klimaanlage, Video

## 55

Hamburg *Deutschland* → Felixstowe *Großbritannien* → Rotterdam *Niederlande* → Suezkanal → Al Fujayrah *Vereinigte Arabische Emirate* → Karachi *Pakistan* → Bombay *Indien* → Karachi *Pakistan* → Suezkanal → Hamburg *Deutschland*

| | | |
|---|---|---|
| **Preise** | Rundreise | 7497 DM/8248 DM |
| | Hamburg → Karachi: | |
| | 20 Tage | 3448 DM/3793 DM |

**Schiffe** Lanka Abhay, Lanka Asitha, Lanka Aruna (Reederei „Nord“, K.E. Oldendorff GmbH), 14 140 Tonnen, Klimaanlage, Swimmingpool, Fitneßraum, Video

## 65

Lübeck *Deutschland* → finnischer Hafen (z.B. Kotka, Hamina, Hanko, Rauma, Olou) → Skagen *Dänemark* → englischer Hafen (z.B. Blyth, Convoys) → Lübeck/Kiel *Deutschland*

**Dauer** 21 Tage

**Preise** Rundreise: 2604 DM/2877 DM

**Schiff** Martha Russ (Martha Russ Shipping Company Ltd. St), 4355 Tonnen, Klimaanlage, Video

## 66

Hamburg → eventuell Bremerhaven *Deutschland* → Nordostseekanal → finnischer Hafen (z.B. Kotka oder Helsinki) → Nordostseekanal → Bremerhaven → Hamburg *Deutschland*
eventuell auch andere Ostseehäfen

**Dauer** ca. 1 Woche

**Preise** Rundreise: 980 bis 1294 DM

**Schiff** Jenna Catherine
(Chr. Jürgensen und Brink & Wölffel),
4830 Tonnen,
Klimaanlage, Video

## 67 Hamburg → Bremerhaven *Deutschland* → Kopenhagen *Dänemark* → Malmö → Helsingborg *Schweden* → Nordostseekanal → Hamburg *Deutschland*

**Dauer** 7 Tage

**Preise** Rundreise: 980 DM

**Schiff** Carolin
(KG Schiffahrtsgesellschaft Beutelrock GmbH), 4200 Tonnen,
deutsche Schiffsführung
Klimaanlage, Video

## 68 Bremerhaven → Hamburg *Deutschland* → Nordostseekanal → Turku → Mäntyluoto (bottnischer Meerbusen) → Hamburg *Deutschland*

**Dauer** ca. 7 Tage

**Preise** Rundreise: 990 DM

**Schiff** Värmland
(Ch. Jürgens u. Brink & Wölffel),
4640 Tonnen,
deutsche Schiffsführung

## 69

Dänischer Hafen (z.B. Horsenes oder Frederica) → finnischer Hafen (z.B. Kotka oder Hamina) → dänischer Hafen

**Route** variabel

**Dauer** 14 Tage

**Preise** Rundreise: 1610 DM

**Schiff** KARIN (Herbert Meyer Schiffahrts KG) 2618 Tonnen, deutsche Schiffsführung, Klimaanlage, Video

## 71

Rotterdam *Niederlande* → Alesund/ Thamshavn → Glomfjord → Salten (nahe der Lofoten) Alesund *Norwegen* → Rotterdam *Niederlande*

**Dauer** ca. 2 Wochen

**Preise** Rundreise: 1982 DM
Reise kann bei verkürzter Route nur eine Woche dauern. 991 DM

**Schiffe** SLOMAN CHALLENGER, SLOMAN COMMANDER, (Reederei Sloman-Neptun Schiffahrts AG), 6111 Tonnen, nur Einzelkabinen

## 81

Hamburg *Deutschland* → Nordostseekanal/Skagen *Dänemark* → Gdansk *Polen* → Nordostseekanal/Skagen → Bremerhaven → Hamburg *Deutschland*

**Dauer** ca. 7 Tage

**Preise** Rundreise: 850 DM

**Schiff** Navigia, (Reederei Uwe Kruse),
2560 Tonnen,
deutsche Schiffsführung,
Video

## 84

Hamburg/Stadersand *Deutschland* → je nach Ladung Häfen wie: Rotterdam *Niederlande* → Belfast *Nordirland* → Cork *Irland* → Southampton *Großbritannien* → Le Havre *Frankreich* → Antwerpen *Belgien* → Hamburg/Stadersand *Deutschland*

**Dauer** ca. 14 Tage

**Preise** Rundreise: 1896 bis 2190 DM
One-Way:
ca. 5 bis 6 Tage 972 bis 1119 DM

| | |
|---|---|
| **Schiffe** | Hajo (Reederei Uwe Salge) 2050 Tonnen, Nordwind (Reederei Uwe Jess) 1800 Tonnen, deutsche Schiffsführung, Video |

## 85

Rotterdam *Niederlande* → Antwerpen *Belgien* → Cork → Dublin → Cork *Irland* → eventuell Felixstowe *Großbritannien* → Rotterdam *Niederlande*

| | | |
|---|---|---|
| **Dauer** | ca. 1 Woche | |
| **Preise** | Rundreise: | 838 bis 978 DM |
| **Schiff** | Mathilda (Manfred Draxel Schiffahrts GmbH), 5400 Tonnen, Schiffsführung deutsch, Klimaanlage, Video | |

## 86 Rotterdam *Niederlande* → Dublin *Irland* → Warrenpoint *Irland* → Rotterdam *Niederlande*

**Dauer** ca. 1 Woche

**Preise** Rundreise: 838 bis 978 DM

**Schiff** Jane (Manfred Draxel Schiffahrts GmbH), 5700 Tonnen, Baujahr 1995, Klimaanlage, Video

## 87 Rotterdam *Niederlande* → Dublin → Cork *Irland* → Thamesport *Großbritannien* → Rotterdam *Niederlande*

**Dauer** ca. 1 Woche

**Preise** Rundreise: 980 bis 1176 DM

**Schiff** Inka Dede, (Reederei Friedhelm Dede KG), 6580 Tonnen, Klimaanlage, Video

## 88 Rotterdam *Niederlande* → Thamesport *Großbritannien* → Cork *Irland* → Belfast *Nordirland* → Dublin *Irland* → Southampton *Großbritanien* → Rotterdam *Niederlande*

| | | |
|---|---|---|
| **Dauer** | ca. 1 Woche | |
| **Preise** | Rundreise: | 945 bis 1025 DM |
| **Schiff** | Birgit Jürgens,<br>(Reederei Kapitän Klaus Jürgens KG),<br>5500 Tonnen,<br>deutsche Schiffsführung,<br>Klimaanlage, Video | |

## 98 Port Everglades → Fernandina Beach → Port Everglades *Florida USA* → Oranjestad *Aruba/Curacao* → La Guaira → Puerto Cabello *Venezuela* → Port Everglades *USA*

| | | |
|---|---|---|
| **Dauer** | 11 bis 14 Tage, je nach Einstieg | |
| **Preise** | Rundreise: 11 Tage | 1540 DM |
| | 14 Tage | 1960 DM |
| **Schiff** | Sven Oltmann,<br>6567 Tonnen,<br>deutsche Schiffsführung | |

## Frachtschiffs-Seereisen
## Kapitän Helmut Hoffmann

Postfach 1120
Strandallee 110
23677 Scharbeutz, Deutschland
Tel.: 045 03/736 75 · Fax: 045 03/74 44 37
(Ländervorwahl: 00 49)

Der ehemalige Kapitän Helmut Hoffmann gründete 1986 seine Spezialagentur für Frachtschiffreisen und bietet rund 160 Passagen auf Frachtschiffen an. In einem ausführlichen Reiseprospekt und auf immer wieder aktualisierten Reiseblättern kann man die Details der einzelnen Reisen, die auch als Teilstrecken buchbar sind, entnehmen. Besonders vielfältig ist sein Angebot für Passagen nach Skandinavien und Großbritannien/Irland. Eindrucksvoll beschreibt ein Passagier von Kapitän Hoffmann die Gründe, warum er eine Frachtschiffreise gewählt hat:

> „Eine Woche Erholung pur – das ist mein Wunsch. Ich habe weder Lust auf High Life mit Menschenmassen und Kleiderzwängen noch auf organisierte Freizeitgestaltung. Ich liebe das Wasser, den Weltblick, das Wellenspiel, die auf See oft vielfältig herrschenden Farben.“

## 2 Felixstowe *Großbritannien* → Antwerpen *Belgien* → Le Havre *Frankreich* → Montreal *Kanada* → Felixstowe *Großbritannien*

| | | |
|---|---|---|
| **DAUER** | 21 Tage | |
| **PREISE** | Rundreise: | 4410 DM/4535 DM |
| **SCHIFF** | CANMAR FORTUNE, großer Aufenthaltsraum | |
| **WICHTIG** | Passagiere können nur in Felixstowe oder Montreal aufgenommen werden. | |

## 4 La Spezia *Italien* → Fos-sur-mer *Frankreich* → Valencia *Spanien* → New York *USA* → Norfolk *Virginia USA* → Savannah *Georgia USA* → Valencia *Spanien* → La Spezia *Italien*

| | | |
|---|---|---|
| **DAUER** | 31 Tage | |
| **PREISE** | Rundreise: | 4340 bis 4898 DM |

**Schiffe** DSR AMERICA,
DSR ATLANTIC,
CHOYANG ELITE,
PACIFIC SENATOR,
PALERMO SENATOR,
PATMOS SENATOR
(Reederei Laeisz Rostock),
Alle Schiffe verfügen über Klimaanlage,
Video und Swimmingpool

## 7 Antwerpen *Belgien* → Chester *Pennsylvania USA* → Richmond *Virginia USA* → Chester *Pennsylvania USA* → Antwerpen *Belgien*

**Dauer** ca. 4 Wochen

**Preise**

| | |
|---|---|
| Rundreise: | 3700 bis 4880 DM |
| Antwerpen → Chester: | |
| ca. 12 Tage | 1620 bis 2100 DM |

**Schiffe** INDEPENDENT MERCHANT
(Reederei Karl Schlüter), 13 519 Tonnen,
Swimmingpool, Sauna, Fitneßraum, Video

## 10

Genua *Italien* → La Guaira *Venezuela* → Los Angeles *Kalifornien USA* → Vancouver *Kanada* → Portland *Oregon USA* → Oakland *Kalifornien USA* → Los Angeles *Kalifornien USA* → Mazatlan → La Guaira *Venezuela* → Valencia *Spanien* → Genua *Italien*

**Dauer** ca. 59 Tage

**Preise**

| | |
|---|---|
| Rundreise: | 8825 bis 10 030 DM |
| Genua → Vancouver: | |
| 28 Tage | 4340 bis 4760 DM |
| Los Angeles → Valencia: | |
| 22 Tage | 3410 bis 3740 DM |

**Schiff** Cielo di Los Angeles (Reederei Martime), Swimmingpool, Fitneßraum, Sauna

## 11

Palm Beach *Miami USA* → Castries → Vieux Fort *St. Lucia* → *Barbados* → *Trinidad* → Palm Beach *Miami USA*

**Dauer** ca. 14 Tage

**Preise** Rundreise: 1960 DM

**Schiff** Cari Sun, 5660 Tonnen

## 17 Antwerpen *Belgien* → Manaus → Belem *Brasilien* → Rouen/Honfleur *Frankreich* → Bremen *Deutschland*

**Dauer** ca. 50 bis 53 Tage

**Preise** Rundreise: 5620 bis 6420 DM

**Schiffe** Hapag Lloyd Amazonas, 7500 Tonnen, Rickmers Brasil 9945 Tonnen, (Reederei Flensburger Befrachtungskontor U.C.H), deutsche Schiffsführung, Klimaanlage, Video, (auf der Rickmers Brasil zusätzlich Swimmingpool)

**Wichtig** Malariaprophylaxe, Gelbfieber- und Choleraimpfung, ärztliches Attest ab 40 Jahren

**18** Genua/Livorno *Italien* → Marseille *Frankreich* → Barcelona *Spanien* → Vitoria → Santos *Brasilien* → Buenos Aires *Argentinien* → Montevideo *Uruguay* → Sao Francisco do Sul → Santos → Vitoria/Salvador *Brasilien* → Santa Cruz *Teneriffa Kanarische Inseln* → Las Palmas *Cran Canaria /Kanarische Inseln* → Valencia/Barcelona *Spanien* → Neapel → Livorno/Genua *Italien*

**DAUER** ca. 46 bis 50 Tage

**PREISE**

| | |
|---|---|
| Rundreise: | 6900 bis 8460 DM |
| Italien → Vitoria: 16 Tage | 2400 bis 2944 DM |

**SCHIFFE** ZIM ARGENTINA (Reederei Transeste), ZIM URUGUAY (Reederei Winter); LIBRA VALENCIA (Reederei P. Doehle)
Salon, Swimmingpool, Sonnendeck, Video

**31** Felixstowe *Großbritannien* → Hamburg *Deutschland* → Rotterdam *Niederlande* → Antwerpen *Belgien* → Piräus *Griechenland* → Istanbul *Türkei* → Saloniki *Griechenland* → Izmir *Türkei* → Salerno *Italien* → Felixstowe *Großbritannien*

**DAUER** ca. 28 Tage

**Preise** Rundreise: 3780 bis 5470 DM

**Schiffe** Armada Sprinter,
Ub Puma

## 32

Rotterdam *Niederlande* → Felixstowe *Großbritannien* → Lissabon *Portugal* → Algeciras *Spanien* → Gioia Tauro *Italien* → Piräus *Griechenland* → Gioia Tauro → Neapel *Italien* → Algeciras *Spanien* → Lissabon *Portugal* → Bilbao *Spanien* → Rotterdam *Niederlande*

**Dauer** ca. 28 Tage

**Preise** Rundreise: 4060 DM
Bei Mitbenutzung des Spitals: 2600 DM

**Schiff** Nautilus, 10 880 Tonnen

## 33

Felixstowe *Großbritannien* → Hamburg *Deutschland* → Rotterdam *Niederlande* → Antwerpen *Belgien* → Tunis *Tunesien* → Alexandria → Port Said *Ägypten* → Beirut *Libanon* → Tartus *Syrien* → Mersin → Izmir *Türkei* → Salerno *Italien* → Felixstowe *Großbritannien*

**Dauer** ca. 32 Tage

**Preise** Rundreise: 3360 bis 6790 DM

**Schiffe** City of Tunis (Reederei K. Schlüter),
Ub Tiger (ex Beirut)

## 35

Hamburg *Deutschland* → Limassol *Zypern* → Ashdod → Haifa *Israel* → Felixstowe *Großbritannien* → Antwerpen *Belgien* → Rotterdam *Niederlande* → Hamburg *Deutschland*

**Dauer** ca. 28 Tage

**Preise** Rundreise: 3310 bis 4990 DM

**Schiffe** Nautique (Reederei Interorient),
20 000 Tonnen,
City of London
(Containerschiffs Reederei), 16 000 Tonnen,
deutsche Schiffsführung,
kleiner Swimmingpool, Klimaanlage, Video

**36** Hamburg *Deutschland* → Rotterdam *Niederlande* → Antwerpen *Belgien* → *Gibraltar* → Piräus *Griechenland* → Limassol *Zypern* → Alexandria *Ägypten* → Ashdod → Haifa *Israel* → Tartus *Syrien* → Izmir *Türkei* → Piräus *Griechenland* → Salerno *Italien* → *Gibraltar* → Tilbury *Großbritannien* → Hamburg *Deutschland*

**DAUER** ca. 30 Tage

**PREISE** Rundreise: 3880 bis 4750 DM

**SCHIFF** CARLOTTE BORCHARD (Reederei Buss), 9517 Tonnen, Video, Sonnendeck

**ABFAHRT** ca. einmal im Monat

**39** Portugalfahrt:

**ROUTE 1:** Rotterdam *Niederlande* → Lissabon → Leixoes *Portugal* → Felixstowe → Southampton *Großbritannien* → Lissabon → Leixoes *Portugal* → Felixstowe *Großbritannien* → Rotterdam *Niederlande*

**ROUTE 2:** Rotterdam *Niederlande* → Lissabon → Leixoes *Portugal* → Vigo *Spanien* → Le Havre *Frankreich* → Antwerpen *Belgien*

**Route 3**: Antwerpen *Belgien* → Leixoes → Lissabon *Portugal* → Rotterdam *Niederlande*

**Route 4**: Rotterdam *Niederlande* → Lissabon → Leixoes *Portugal* → Rotterdam *Niederlande*

**Schiffe und Preise**

Opdr-Tejo, 4650 Tonnen (Oldenburg Portugiesische Dampfschiff Reederei), deutsche Schiffsführung, Klimaanlage, Video
Cmbt Corvette, 4650 Tonnen, deutsche Schiffsführung, Klimaanlage, Video

| | |
|---|---|
| Route 1: | 2490 bis 2590 DM |
| Route 2: | 1380 bis 1430 DM |
| Route 3: | 1240 bis 1290 DM |
| Route 4: | 1510 bis 1570 DM |

Cmbt Caravel,
Hms Portugal, 4750 Tonnen, deutsche Schiffsführung

| | |
|---|---|
| Route 1: | 2330 bis 2590 DM |
| Route 2: | 1290 bis 1430 DM |
| Route 3: | 1160 bis 1290 DM |
| Route 4: | 1410 bis 1570 DM |

HMS GOODWILL, 4570 Tonnen,
deutsche Schiffsführung,
Video

| | |
|---|---|
| Route 1: | 2490 bis 2790 DM |
| Route 2: | 1380 bis 1540 DM |
| Route 3: | 1240 bis 1390 DM |
| Route 4: | 1510 bis 1690 DM |

## 41

Szczecin (Stettin) *Polen* → eventuell Antwerpen *Belgien* → eventuell Banjul *Gambia* → Tema *Ghana* → Lagos *Nigeria* → eventuell weitere westafrikanische Häfen → eventuell westeuropäischer Hafen → Szczecin (Stettin) *Polen*

**PREISE**

| | |
|---|---|
| Rundreise: | |
| je nach Schiff | 2400 bis 2720 DM |
| Stettin → Tema: | 1040 DM |

PKWs von Passagieren können befördert werden

**WICHTIG** Visum für Nigeria erforderlich

## 44

Antwerpen *Belgien* → Nouakchott *Mauretanien* → Dakar *Senegal* → Banjul *Gambia* → Abidjan *Elfenbeinküste* → Tema *Ghana* → Cotonou *Benin* → Lagos → Port Harcourt *Nigeria* → Douala *Kamerun* → eventuell Takoradi *Ghana* → Abidjan *Elfenbeinküste* → (Le Havre *Frankreich* → Thamesport *Großbritannien* → Antwerpen *Belgien*)

**Dauer** 35 Tage

**Preise**

| | |
|---|---|
| Rundreise: | 4550 bis 5600 DM |
| Antwerpen → Cotonou: | 2470 bis 3040 DM |

**Schiffe** Kaiama, Kamina (Reederei B. Rickmers), 10 736 Tonnen, deutsche Schiffsführung, Swimmingpool, Fitneßraum, Sauna

**Hinweis** Rundreise nicht immer möglich

## 51

Hamburg → Emden *Deutschland* → Felixstowe *Großbritannien* → Antwerpen *Belgien* → Kapstadt → Port Elizabeth → Durban → Kapstadt *Südafrika* → Rotterdam *Niederlande* → Hamburg *Deutschland*

**Dauer** ca. 48 Tage

**Preise** Tagespreis: 140 bis 150 DM
Hamburg → Kapstadt: ca. 21 Tage
Hamburg → Durban: ca. 25 Tage

**Schiffe** Maria Rickmers
(Reederei B. Rickmers), 14 200 Tonnen,
Nordsky,
Nordlight
(Reederei „Nord“, K. E. Oldendorff GmbH), 14 120 Tonnen,
Swimmingpool, Klimaanlage

## 53

Hamburg *Deutschland* → Antwerpen *Belgien* → Felixstowe *Großbritannien* → Fos-sur-mer *Frankreich* → Suezkanal → Djibouti *Djibouti* → Dar es-Salaam *Tansania* → Mombasa *Kenia* → Djibouti *Djibouti* → Port Sudan *Sudan* → Suezkanal → Hamburg *Deutschland*

**Dauer** ca. 56 Tage

**Preise** Rundreise: 6160 bis 7030 DM
Hamburg → Mombasa:
ca. 30 Tage 3300 bis 4080 DM

**Schiff** Victoria Bay (Reederei Christian F. Ahrenkiel GmbH & Co.),
26 140 Tonnen, deutsche Schiffsführung,
Swimmingpool, Klimaanlage, Video

## 59

Genua *Italien* → Haifa *Israel* → Colombo *Sri Lanka* → *Singapur* → *Hongkong* → Pusan *Südkorea* → Quindao → Shanghai *China* → *Hongkong* → *Singapur* → Colombo *Sri Lanka* → Ashdod *Israel* → Barcelona *Spanien* → Genua *Italien*

| | | |
|---|---|---|
| **Dauer** | ca. 76 Tage | |
| **Preise** | Rundreise: | 11 400 DM/12 920 DM |
| | Genua → Hongkong: | |
| | 30 Tage | 4500 DM/5100 DM |
| **Schiff** | Sunrise (Reederei Laeisz, Hamburg), Swimmingpool, Video | |

## 66

Hamburg → eventuell Bremerhaven *Deutschland* → Nordostseekanal → finnischer Hafen (z.B. Kotka oder Helsinki) → Nordostseekanal → Bremerhaven → Hamburg *Deutschland*
eventuell auch andere Ostseehäfen

| | | |
|---|---|---|
| **Dauer** | ca. 1 Woche | |
| **Preise** | Rundreise: | 990 bis 1240 DM |

| | |
|---|---|
| **Schiff** | Jenna Catherine (Chr. Jürgensen und Brink & Wölffel), 4830 Tonnen, Klimaanlage, Video |

## 68 Bremerhaven → Hamburg *Deutschland* → Nordostseekanal → Turku → Mäntyluoto (bottnischer Meerbusen) → Hamburg *Deutschland*

| | | |
|---|---|---|
| **Dauer** | ca. 7 Tage | |
| **Preise** | Rundreise: | 990 DM |
| **Schiff** | Värmland (Ch. Jürgens u. Brink & Wölffel), 4640 Tonnen, deutsche Schiffsführung | |

## 70 Rotterdam *Niederlande* → Haugesund → Bergen → Florö → Malöy → Alesund *Norwegen* → Rotterdam *Niederlande*

| | | |
|---|---|---|
| **Dauer** | ca. 7 Tage | |
| **Preise** | Rundreise: | 990 DM |
| | für eine weitere Person: | 770 DM |
| **Schiff** | Andra, 2800 Tonnen, deutsche Schiffsführung, Video | |

## 72 Hamburg *Deutschland* → Rotterdam *Niederlande* → Antwerpen *Belgien* → Helsinki → Kotka *Finnland* → Nordostseekanal → Hamburg *Deutschland*

**Dauer** ca. 10 Tage

**Preise** Rundreise: 1390 DM

**Schiff** Gerda, 5200 Tonnen, Baujahr 1995, Video

## 73 Rotterdam *Niederlande* → Göteburg *Schweden* → Felixstowe *Großbritannien* → Antwerpen *Belgien* → Rotterdam *Niederlande*

**Dauer** 7 Tage

**Preise** Rundreise: 990 bis 1150 DM

**Schiff** Rhein Merchant, 3070 Tonnen, deutsche Schiffsführung, kleine Bibliothek, Video

## 74 Bremerhaven → Hamburg *Deutschland* → Nordostseekanal → Helsinki *Finnland* → Bremerhaven *Deutschland*

| | | |
|---|---|---|
| **Dauer** | ca. 7 Tage | |
| **Preise** | Rundreise: | 990 DM |
| **Schiffe** | Janra,<br>Norrland, 5200 Tonnen,<br>Baujahr 1995, Video | |

## 76 Hamburg → Bremerhaven *Deutschland* →Gdansk *Polen* → Hamburg *Deutschland* eventuell wird ein finnischer Hafen angelaufen

| | |
|---|---|
| **Route** | variiert |
| **Dauer** | ca. 7 Tage |
| **Preise** | Preis auf Anfrage |
| **Schiff** | Eider, 2495 Tonnen,<br>deutsche Schiffsführung |

## 77

Kiel *Deutschland* → Goole, Humber River (ca. 50 Kilometer aufwärts mit Durchfahrt der größten Hängebrücke der Welt) *Großbritannien* → Kiel *Deutschland* → Södertälje (150 Kilometer durch die Schären der Mälaren Seen) → Västeras *Schweden* → Kiel *Deutschland*

**Dauer** ca. 2 Wochen

**Preise** Rundreise: 1940 DM

**Schiff** Atria, 3005 Tonnen, deutsche Besatzung, Video

## 83

Hamburg *Deutschland*/Rotterdam *Niederlande* → Helsinki *Finnland* → Sankt Petersburg *Rußland* → Teesport *Großbritannien* → Hamburg *Deutschland* → Rotterdam *Niederlande*

**Dauer** ca. 10 Tage

**Preise** Rundreise: 1490 bis 1590 DM

**Schiffe** Containership III und IV, 7600 Tonnen, deutsche Schiffsführung

**Wichtig** Visum für GUS-Staaten

## 85 Rotterdam *Niederlande* → Antwerpen *Belgien* → Cork → Dublin → Cork *Irland* → eventuell Felixstowe *Großbritannien* → Rotterdam *Niederlande*

**Dauer** ca. 1 Woche

**Preise** Rundreise: 990 bis 1060 DM

**Schiff** Mathilda
(Manfred Draxel Schiffahrts GmbH),
5400 Tonnen,
deutsche Schiffsführung,
Klimaanlage, Video.

## 86 Rotterdam *Niederlande* → Dublin *Irland* → Warrenpoint *Irland* → Rotterdam *Niederlande*

**Dauer** ca. 1 Woche

**Preise** Rundreise: 990 bis 1060 DM

**Schiff** Jane
(Manfred Draxel Schiffahrts GmbH),
5700 Tonnen, Baujahr 1995,
Klimaanlage, Video

## 87 Rotterdam *Niederlande* → Dublin → Cork *Irland* → Thamesport *Großbritannien* → Rotterdam *Niederlande*

**DAUER** ca. 1 Woche

**PREISE** Rundreise: 990 DM

**SCHIFF** INKA DEDE,
(Reederei Friedhelm Dede KG),
6580 Tonnen,
Klimaanlage, Video

## 89 Rotterdam *Niederlande* → Cork → Dublin *Irland* → Belfast *Nordirland* → Southampton *Großbritannien* → Rotterdam *Niederlande*

**ROUTE** variiert

**DAUER** ca. 1 Woche

**PREISE** Rundreise: 990 bis 1090 DM

**SCHIFF** RHEIN LAGAN,
4700 Tonnen,
vollklimatisiert

**97** New York *USA* → Baltimore *Maryland USA* → Norfolk *Virginia USA* → Savannah *Georgia USA* → Miami *Florida USA* → Kingston *Jamaika* → Santos *Brasilien* → Buenos Aires *Argentinien* → Montevideo *Uruguay* → Rio Grande → Itajai → Santos → Rio de Janeiro → Vitoria *Brasilien* → Kingston *Jamaika* → New York *USA*

**DAUER** ca. 52 Tage

**PREISE** Rundreise: 8390 bis 8990 DM
Im Preis inbegriffen:
Hin- und Rückflug New York

**SCHIFF** ZIM MONTEVIDEO, 22 225 Tonnen,
deutsche Schiffsführung
Klimaanlage, Swimmingpool, Video

**99** Miami *Florida USA* → Rio de Janeiro → Santos *Brasilien* → Buenos Aires *Argentinien* → San Juan *Puerto Rico* → Newark *New Jersey USA* → Norfolk *Virginia USA* → Jacksonville → Miami *Florida USA*

**DAUER** ca. 43 Tage

**PREISE** Rundreise: 7940 bis 9990 DM
Preise enthalten Transfer zum Schiff sowie Krankenversicherung

**SCHIFFE** MAERSK SAO PAULO, 22 225 Tonnen, Baujahr 1996, deutsche Schiffsführung, Swimmingpool, Klimaanlage

## 114

Kobe *Japan* → Pusan *Südkorea* → Keelung *Taiwan* → *Hongkong* → New York *USA* → Baltimore *Maryland USA* → Charleston *Virginia USA* → Miami *Florida USA* → Cartagena *Kolumbien* → Balboa *Panama* → Buenaventura *Kolumbien* → Guayaquil *Ecuador* → San Antonio *Chile* → Yokohama *Japan* → Pusan *Südkorea* → Keelung *Taiwan* → *Hongkong*

**PREISE** Tagespreis: 150 bis 170 DM
Alle Teilstrecken auf Anfrage

**SCHIFF** CSAV RAULI, 22 225 Tonnen, deutsche Schiffsführung, Klimaanlage, Swimmingpool, Video

## Freighter World Cruises

180 South Lake Avenue, Suite 335
Pasadena, California 91101, USA
Tel.: 818/449 31 06 · Fax: 818/449 95 73
(Ländervorwahl: 001)

Diese Agentur mit Sitz in Kalifornien befaßt sich seit 1977 mit Frachtschiffreisen. Sie betrachtet sich als Mittlerin zwischen den Passagieren und den Reedereien, von denen sie rund 15 vertritt.

Um sich bekannt zu machen und um ihre Reisen anzubieten, veröffentlicht die Agentur, die sich als „bedeutendste Agentur für Frachtschiffreisen" bezeichnet, eine Broschüre mit Schwarzweißfotos, die alle 14 Tage erscheint und einzig in ihrer Art ist.

„Freighter Space Advisory" wird an frühere Kunden und per Abonnement verschickt. Die sympathische Broschüre bietet sogenannte Last-Minute-Kabinen mit manchmal erheblichen Preisnachlässen an sowie eine ganze Reihe von Reisen in alle Welt, meistens mit Abfahrt in den Vereinigten Staaten.

Darüber hinaus bietet Freighter World Cruises Berichte von Reisenden an, anhand derer man sich vor der Abfahrt mit der Reise vertraut machen kann.

## Hamburg-Süd
## The Shipping Group

Frachtschiffreisenzentrum
Hamburg-Süd Reiseagentur
Ost-West-Straße 59-61
20457 Hamburg, Deutschland
Tel.: 040/37 05-25 93 · Fax: 040/37 05-24 20

**Vertretung in Frankreich:**
Ecrit – Mer et Voyages
3, rue Tronchet
75008 Paris
Tel.: 01/44 51 01 68 · Fax: 01/40 07 12 72
(Ländervorwahl: 0033)

**Für den US-amerikanischen Markt:**
Freighter World Cruises Inc.
180 South Lake Avenue, Suite 335
Pasadena, California 91101, USA
Tel.: 818/449 31 06 · Fax: 818/449 95 73
(Ländervorwahl: 001)

Diese bedeutende Schiffahrtsgesellschaft (die zweitgrößte Deutschlands) wurde 1871 unter dem Namen „Hamburg-Südamerikanische" gegründet, denn sie unterhielt zahlreiche Verbindungen nach Südamerika. In den dreißiger Jahren ließ sie Passagierschiffe auf dieser Route fahren, unter ihnen die heute noch bekannte und berühmte CAP ARCONA.

Die Hamburg-Süd (genaue Bezeichnung: Hamburg-Südamerikanische Dampfschiffahrts-Gesellschaft, abgekürzt H.S.D.G.) hat eine Tochter, die Hamburg-Süd Reiseagentur, die sich auf den Passageverkauf auf Frachtschiffen weltweit spezialisiert hat.

Die 1957 gegründete Tochtergesellschaft Columbus Line bietet Reisen von den Vereinigten Staaten in den Südpazifik und nach Australien an. Die Reiseagentur Hamburg-Süd hat ebenfalls zahlreiche Reisen auf Frachtschiffen anderer Reedereien in ihrem Programm. Die meisten Routen sind auch als Teilstrecken buchbar.

**2** Felixstowe *Großbritannien* → Antwerpen *Belgien* → Le Havre *Frankreich* → Montreal *Kanada* → Felixstowe *Großbritannien*

| | | |
|---|---|---|
| **DAUER** | 21 Tage | |
| **PREISE** | Rundreise: | 4410 DM/4535 DM |
| **SCHIFF** | CANMAR FORTUNE, großer Aufenthaltsraum | |
| **HINWEIS** | Passagiere können nur in Felixstowe oder Montreal aufgenommen werden. | |

**4** La Spezia *Italien* → Fos-sur-mer *Frankreich* → Valencia *Spanien* → New York *USA* → Norfolk *Virginia USA* → Savannah *Georgia USA* → Valencia *Spanien* → La Spezia *Italien*

| | |
|---|---|
| **Dauer** | ca. 31 bis 32 Tage |
| **Preise** | Tagespreis: 130 bis 158 DM<br>La Spezia → New York: 12 Tage<br>La Spezia → Savannah: 16 Tage<br>Norfolk → Valencia: 14 Tage |
| **Schiffe** | Dsr America,<br>Dsr Atlantic,<br>Choyang Elite,<br>Pacific Senator,<br>Palermo Senator,<br>Patmos Senator<br>(Reederei Laeisz Rostock),<br>Ibn Sina (ex Tokyo Senator) (NSB)<br>Alle Schiffe verfügen über Klimaanlage, Video und Swimmingpool<br>noch weitere Schiffe im Programm |

**5** Genua *Italien* → Valencia → Algeciras *Spanien* → Charleston *South Carolina USA* → Port Everglades → Miami *Florida USA* → Veracruz *Mexiko* → Houston *Texas USA* → Miami → Port Everglades *Florida* → Charleston *South Carolina USA* → Algeciras *Spanien* → Genua *Italien*

**DAUER** ca. 42 Tage

**PREISE** Tagespreis: 140 DM/150 DM
Genua → Port Everglades: 16 Tage
Genua → Houston: 22 Tage

**SCHIFFE** SEA OLIVIA,
SEA NOVIA,
SEA LINDAVIA (Reederei Dauelsberg),
Swimmingpool

**10** Genua *Italien* → La Guaira *Venezuela* → Los Angeles *Kalifornien USA* → Vancouver *Kanada* → Portland *Oregon USA* → Oakland *Kalifornien USA* → Los Angeles *Kalifornien USA* → Mazatlan → La Guaira *Venezuela* → Valencia *Spanien* → Genua *Italien*

**DAUER** ca. 59 Tage

| | | |
|---|---|---|
| **Preise** | Rundreise: | 8825 bis 10 030 DM |
| | Genua → Vancouver: | |
| | 28 Tage | 4340 bis 4760 DM |
| | Los Angeles → Valencia: | |
| | 22 Tage | 3410 bis 3740 DM |

**Schiffe** Cielo di Los Angeles (Reederei Martime), Pacifico (Reederei Projex) Swimmingpool, Fitneßraum, Sauna

## 18

Genua/Livorno *Italien* → Marseille *Frankreich* → Barcelona *Spanien* → Vitoria → Santos *Brasilien* → Buenos Aires *Argentinien* → Montevideo *Uruguay* → Sao Francisco do Sul → Santos → Vitoria/Salvador *Brasilien* → Santa Cruz *Teneriffa Kanarische Inseln* → Las Palmas *Cran Canaria/Kanarische Inseln* → Valencia/Barcelona *Spanien* → Neapel → Livorno/Genua *Italien*

**Dauer** ca. 46 bis 50 Tage

| | | |
|---|---|---|
| **Preise** | Rundreise: | 6900 bis 8460 DM |
| | Italien → Vitoria: | |
| | 16 Tage | 2400 bis 2944 DM |

**Schiffe** Zim Argentina (Reederei Transeste), Zim Uruguay (Reederei Winter); Libra Valencia (Reederei P. Doehle) Salon, Swimmingpool, Sonnendeck, Video

**28** Hamburg *Deutschland* → Felixstowe *Großbritannien* → Antwerpen *Belgien* → Le Havre *Frankreich* → Bilbao *Spanien* → Kingston *Jamaika* → Cristobal *Panama* → Buenaventura *Kolumbien* → Guayaquil *Ecuador* → Callao *Peru* → Arica → Valparaiso *Chile* → Callao → Paita *Peru* → Guayaquil *Ecuador* → Buenaventura *Kolumbien* → Cristobal *Panama* → Kingston *Jamaika* → Bilbao *Spanien* → Amsterdam *Niederlande* → Hamburg *Deutschland*

**Dauer** ca. 69 Tage

**Preise** Tagespreis: 140 DM
Hamburg → Jamaika: ca. 19 Tage
Hamburg → Callao: ca. 26 Tage

**Schiff** Cgm Magellan, (Reederei Furness Withy, Hamburg-Süd The Shipping Group) Swimmingpool, Video

## 31

Felixstowe *Großbritannien* → Hamburg *Deutschland* → Rotterdam *Niederlande* → Antwerpen *Belgien* → Piräus *Griechenland* → Istanbul *Türkei* → Saloniki *Griechenland* → Izmir *Türkei* → Salerno *Italien* → Felixstowe *Großbritannien*

| | |
|---|---|
| **Dauer** | ca. 28 Tage |
| **Preise** | auf Anfrage |
| **Schiffe** | ARMADA SPRINTER,<br>UB PUMA |

## 33

Felixstowe *Großbritannien* → Hamburg *Deutschland* → Rotterdam *Niederlande* → Antwerpen *Belgien* → Tunis *Tunesien* → Alexandria → Port Said *Ägypten* → Beirut *Libanon* → Tartus *Syrien* → Mersin → Izmir *Türkei* → Salerno *Italien* → Felixstowe *Großbritannien*

| | | |
|---|---|---|
| **Dauer** | ca. 32 Tage | |
| **Preise** | Rundreise: | 3360 bis 5600 DM |
| **Schiffe** | KAIRO (NSB),<br>UB TIGER (ex BEIRUT) | |

## 35

Hamburg *Deutschland* → Limassol *Zypern* → Ashdod → Haifa *Israel* → Felixstowe *Großbritannien* → Antwerpen *Belgien* → Rotterdam *Niederlande* → Hamburg *Deutschland*

**Dauer** ca. 28 Tage

**Preise** Rundreise: 3815 bis 5000 DM

**Schiffe** Nautique (Reederei Interorient), 20 000 Tonnen, City of London (Reederei Maritime), 16 000 Tonnen, deutsche Schiffsführung, kleiner Swimmingpool, Klimaanlage, Video

## 36

Hamburg *Deutschland* → Rotterdam *Niederlande* → Antwerpen *Belgien* → *Gibraltar* → Piräus *Griechenland* → Limassol *Zypern* → Alexandria *Ägypten* → Ashdod → Haifa *Israel* → Tartus *Syrien* → Izmir *Türkei* → Piräus *Griechenland* → Salerno *Italien* → *Gibraltar* → Tilbury *Großbritannien* → Hamburg *Deutschland*

**Dauer** ca. 30 Tage

**Preise** Rundreise: 3880 bis 4750 DM

| | |
|---|---|
| **Schiff** | Carlotte Borchard (Reederei Buss), 9517 Tonnen, Video, Sonnendeck |
| **Abfahrt** | ca. ein Mal im Monat |

## 38

Rotterdam *Niederlande* → Bilbao *Spanien* → Le Havre *Frankreich* → Felixstowe *Großbritannien* → Rotterdam *Niederlande*

| | | |
|---|---|---|
| **Dauer** | ca. 7 Tage | |
| **Preise** | Rundreise: | 990 bis 1060 DM |
| **Schiff** | Elisabeth, 5700 Tonnen (Kapitän Manfred Draxl Schiffahrts GmbH), Klimaanlage, Video | |

## 41

Szczecin (Stettin) *Polen* → eventuell Antwerpen *Belgien* → eventuell Banjul *Gambia* → Tema *Ghana* → Lagos *Nigeria* → eventuell weitere westafrikanische Häfen → eventuell westeuropäischer Hafen → Szczecin (Stettin) *Polen*

| | | |
|---|---|---|
| **Preise** | Rundreise: | |
| | je nach Schiff | 2400 bis 2720 DM |
| | Stettin → Tema: | 1040 DM |
| | PKWs von Passagieren können befördert werden | |

**Wichtig** Visum für Nigeria erforderlich

## 43 Antwerpen *Belgien* → Felixstowe *Großbritannien* → Rouen → Le Havre → Montoir *Frankreich* → Dakar *Senegal* → Abidjan *Elfenbeinküste* → Tema *Ghana* → Cotonou *Benin* → Lagos *Nigeria* → Douala *Kamerun* → Tema *Ghana* → Abidjan *Elfenbeinküste* → Dakar *Senegal* → Montoir → Le Havre *Frankreich* → Antwerpen *Belgien*

**Dauer** 42 Tage

| | | |
|---|---|---|
| **Preise** | Rundreise: | 5460 DM/6300 DM |
| | Antwerpen → Tema: | |
| | 17 Tage | 2210 DM/2550 DM |

**Schiff** Yolande Delmas, 23 465 Tonnen, deutsche Schiffsführung, Swimmingpool, Fitneßraum, Sauna

## 44

Antwerpen *Belgien* → Nouakchott *Mauretanien* → Dakar *Senegal* → Banjul *Gambia* → Abidjan *Elfenbeinküste* → Tema *Ghana* → Cotonou *Benin* → Lagos → Port Harcourt *Nigeria* → Douala *Kamerun* → eventuell Takoradi *Ghana* → Abidjan *Elfenbeinküste* → (Le Havre *Frankreich* → Thamesport *Großbritannien* → Antwerpen *Belgien*)

**DAUER** 35 Tage

**PREISE**

| | |
|---|---|
| Rundreise: | 4550 bis 5600 DM |
| Antwerpen → Cotonou: | 2470 bis 3040 DM |

**SCHIFFE** KAIAMA, KAMINA (Reederei B. Rickmers), 10 736 Tonnen, deutsche Schiffsführung, Swimmingpool, Fitneßraum, Sauna

**HINWEIS** Rundreise nicht immer möglich

## 46

La Spezia *Italien* → Barcelona *Spanien* → Lissabon *Portugal* → Abidjan *Elfenbeinküste* → Luanda *Angola* → Kapstadt → Durban → Port Elizabeth → Kapstadt *Südafrika* → eventuell Luanda *Angola* → Abidjan *Elfenbeinküste* → Lissabon *Portugal* → Valencia *Spanien* → Gioia Tauro → La Spezia *Italien*

| | | |
|---|---|---|
| **Dauer** | ca. 52 Tage | |
| **Preise** | Tagespreis: | 140 DM |
| **Schiff** | Karins (Reederei Schepers) | |

## 51

Hamburg → Emden *Deutschland* → Felixstowe *Großbritannien* → Antwerpen *Belgien* → Kapstadt → Port Elizabeth → Durban → Kapstadt *Südafrika* → Rotterdam *Niederlande* → Hamburg *Deutschland*

| | | |
|---|---|---|
| **Dauer** | ca. 48 Tage | |
| **Preise** | Tagespreis: | 140 bis 150 DM |
| | Hamburg → Kapstadt: ca. 21 Tage | |
| | Hamburg → Durban: ca. 25 Tage | |

**Schiffe** Maria Rickmers
(Reederei B. Rickmers), 14 200 Tonnen,
Nordsky,
Nordlight
(Reederei „Nord", K. E. Oldendorff GmbH), 14 120 Tonnen,
Swimmingpool, Klimaanlage

## 52

Hamburg *Deutschland* → Felixstowe *Großbritannien* → Montoir → Marseilles *Frankreich* → *Réunion* → Toamasina *Madagaskar* → Dar es-Salaam *Tansania* → Mombasa *Kenia* → Marseilles *Frankreich* → Antwerpen *Belgien* → Hamburg *Deutschland*

**Dauer** ca. 52 Tage

**Preise**

| | |
|---|---|
| Rundreise: | 7280 DM |
| Hamburg → La Reunion: 21 Tage | 2940 DM |
| Hamburg → Mombasa: 29 Tage | 4060 DM |

**Schiffe** Cmbt Endurance,
Cmbt Endeavour,
Cgm la Bourdonnais
(Reederei Alpha Ship), 23 800 Tonnen,
deutsche Schiffsführung, Klimaanlage

| | |
|---|---|
| **53** | Hamburg *Deutschland* → Antwerpen *Belgien* → Felixstowe *Großbritannien* → Fos-sur-mer *Frankreich* → Suezkanal → Djibouti *Djibouti* → Dar es-Salaam *Tansania* → Mombasa *Kenia* → Djibouti *Djibouti* → Port Sudan *Sudan* → Suezkanal → Hamburg *Deutschland* |
| **DAUER** | ca. 56 Tage |
| **PREISE** | Rundreise: 6160 bis 8736 DM<br>Hamburg → Mombasa:<br>ca. 30 Tage 3300 bis 4680 DM |
| **SCHIFFE** | BARRISTER,<br>VICTORIA BAY (Reederei Christian F. Ahrenkiel GmbH & Co.), 26 140 Tonnen, deutsche Schiffsführung, Swimmingpool, Klimaanlage, Video |

| | |
|---|---|
| **59** | Genua *Italien* → Haifa *Israel* → Colombo *Sri Lanka* → *Singapur* → *Hongkong* → Pusan *Südkorea* → Quindao → Shanghai *China* → *Hongkong* → *Singapur* → Colombo *Sri Lanka* → Ashdod *Israel* → Barcelona *Spanien* → Genua *Italien* |
| **DAUER** | ca. 76 Tage |

| | | |
|---|---|---|
| **Preise** | Rundreise: | 11 400 DM/12 920 DM |
| | Genua → Hongkong: | |
| | 30 Tage | 4500 DM/5100 DM |

**Schiff** SUNRISE (Reederei Laeisz, Hamburg), Swimmingpool, Video

## 75 Nordostseekanal → Vastervik *Schweden* → Kalajoko *Finnland* → Hull *Großbritannien* → Nordostseekanal

**Route** variiert

**Dauer** ca. 14 Tage

**Preise** Rundreise: 1890 bis 2080 DM

**Schiff** ANGERMANLAND, 3800 Tonnen, Video

## 76 Hamburg → Bremerhaven *Deutschland* → Gdansk *Polen* → Hamburg *Deutschland* eventuell wird ein finnischer Hafen angelaufen

**ROUTE** variiert

**DAUER** ca. 7 Tage

**PREISE** auf Anfrage

**SCHIFF** EIDER, 2495 Tonnen, deutsche Schiffsführung

## 83 Hamburg/Stadersand *Deutschland* → Helsinki *Finnland* → Sankt Petersburg *Rußland* → Teesport *Großbritannien* → Hamburg *Deutschland* → Rotterdam *Niederlande*

**DAUER** ca. 10 Tage

**PREISE** Rundreise: 1490 bis 1540 DM

**SCHIFF** CONTAINERSHIP III und IV, 7600/8 800 Tonnen, deutsche Schiffsführung

**WICHTIG** Visum für GUS-Staaten

## 89 Rotterdam *Niederlande* → Cork → Dublin *Irland* → Belfast *Nordriland* → Southampton *Großbritannien* → Rotterdam *Niederlande*

**Route** variiert

**Dauer** ca. 1 Woche

**Preise** Rundreise: 990 bis 1390 DM

**Schiff** Rhein Lagan, 4700 Tonnen, vollklimatisiert

## 98 Port Everglades → Fernandina Beach → Port Everglades *Florida USA* → Oranjestad *Aruba/Curacao* → La Guaira → Puerto Cabello *Venezuela* → Port Everglades *USA*

**Dauer** 11 bis 14 Tage, je nach Einstieg

**Preise** Rundreise:
11 Tage: 1540 DM
14 Tage: 1960 DM

**Schiff** Sven Oltmann, 6567 Tonnen, deutsche Schiffsführung

## Internationale Frachtschiffreisen Dipl. Kaufmann Werner Pfeiffer

Friedrich-Storck-Weg 18a
42107 Wuppertal
Tel.: 02 02/45 23 79 · Fax: 02 02/45 39 09

Seit 1982 vermittelt diese Spezialagentur eine große Auswahl an Frachtschiffreisen. Inzwischen hat sie rund 70 verschiedene Fahrten im Angebot – vom Kurztrip nach England über eine Reise von den USA zum Amazonas bis zur 100-tägigen Weltreise. Seit kuzem gehören auch Binnenschiffsreisen dazu, kreuz und quer durch Deutschland und halb Europa.

**70** Rotterdam *Niederlande* → Haugesund → Bergen → Florö → Malöy → Alesund *Norwegen* → Rotterdam *Niederlande*

**Dauer** ca. 7 Tage

**Preise**

| | |
|---|---|
| Rundreise: | 990 DM |
| für eine weitere Person: | 770 DM |

**Schiff** Andra, 2800 Tonnen, deutsche Schiffsführung, Video

## 78 Hamburg → Bremerhaven *Deutschland* → Oslo → Moos → Oslo → Kristiansund *Norwegen* → Hamburg *Deutschland*

| | | |
|---|---|---|
| **Dauer** | ca. 7 Tage | |
| **Preise** | Rundreise: | ab 910 DM |
| **Schiff** | Containerschiff, 3400 Tonnen, deutsche Schiffsführung, Video | |

## 79 Rotterdam *Niederlande* → Oslo → Moos *Norwegen* → Lysekil *Schweden* → Kristiansund *Norwegen* → Boston *Großbritannien* → Rotterdam *Niederlande*

| | | |
|---|---|---|
| **Dauer** | ca. 7 Tage | |
| **Preise** | Rundreise: | 990 DM |
| **Schiff** | Containerschiff, 2460 Tonnen, deutsche Schiffsführung, Video | |

## 80 Hamburg *Deutschland* → Aarhus → Kopenhagen *Dänemark* → Malmö → Göteborg *Schweden* → Oslo *Norwegen* → Bremerhaven → Hamburg *Deutschland*

**Route** variiert

**Dauer** ca. 7 Tage

**Preise** Rundreise: 910 bis 990 DM

**Schiff** Containerschiffe, 4200 bis 5500 Tonnen, deutsche Schiffsführung

## 82 Papenburg *Deutschland* → Antwerpen *Belgien* → Tallin → Muuga *Estland* → Rostock → Papenburg oder Bremen *Deutschland* → Kaliningrad (Königsberg) *Rußland* → Klaipeda *Litauen* → Bremen *Deutschland*

**Dauer** 12 bis 14 Tage

**Preise** Rundreise: 1430 bis 1690 DM

**Schiff** Stückgutcontainer, 3700 Tonnen, deutsche Schiffsführung

## 101

Port Everglades *Florida USA* → Puerto Cabello → La Guaira → Isla Margarita *Venezuela* → Port Lisas *Trinidad* → Georgetown *Guayana* → Paramaribo *Surinam* → Port Everglades *Florida USA*

**Dauer** ca. 21 Tage

**Preise** Rundreise: 2520 bis 2730 DM

**Schiff** Containerschiff, 4900 Tonnen, deutsche Schiffsführung, Klimaanlage, Video

## 102

Chester *Pennsylvania USA* → Savannah *Georgia USA* → Miami *Florida USA* → Manaus → Belem → Fortaleza *Brasilien* → Chester *Pennsylvania USA*

**Dauer** ca. 35 Tage

**Preise** Rundreise: 4550 DM

**Schiff** Stückgutcontainer, 9500 Tonnen

## Strand Cruise and Travel Center

Charing Cross Shopping Concourse
The Strand
London WCZN 4HZ
Großbritannien
Tel.: 01 71/836 63 63 · Fax: 01 71/497 00 78
(Ländervorwahl: 00 44)

Diese Spezialagentur mit Sitz in London ist eine der bedeutendsten überhaupt.

Die Abteilung Frachtschiffreisen, die von John Alton eingerichtet wurde, existiert erst seit 1988. Sie veröffentlicht einen sorgfältigen, reich illustrierten farbigen Katalog, der einen Eindruck von dem Aufschwung vermittelt, den diese Reiseart in letzter Zeit in Großbritannien genommen hat.
Man findet Reisen für jeden Geschmack und praktisch alle Zielorte. Die Agentur vertritt 35 Reedereien mit rund 60 Routen.

Ferner werden zahlreiche weitere Dienste angeboten: Landaufenthalte, Hotelzimmer, Rundreisen in viele Länder sowie die Kombination von Schiffs- und Flugreisen für jene, die nur eine Einwegpassage buchen möchten.

## Travl's Tips

Cruise & Freighter Travel Association
163-07 Depot Road
PO Box 580188
Flushing NY 11358, USA
Tel.: 718/939 24 00 · Fax: 718/939 20 47
(Ländervorwahl: 001)

Die Gesellschaft ist seit 1967 auf einzigartige und ungewöhnliche Seereisen spezialisiert. Travl's Tips bietet die unterschiedlichsten Reisen auf Fracht- und Expeditionsschiffen an und veröffentlicht Reiseberichte von Passagieren. Außerdem gibt sie eine zweiunddreißigseitige Broschüre heraus, die hinsichtlich der Frachtschiffe ständig auf den neuesten Stand gebracht wird.

Als Mitglied erhält man die Broschüre „TravLtips", Preisermäßigungen sowie Mitfahrgelegenheiten auf zahlreichen Schiffen.

## Wagner Frachtschiffreisen

Stadlerstraße 48/Postfach
CH-8404 Winterthur
Tel.: 052/242 14 42 · Fax: 052/242 14 87
(Ländervorwahl: 00 41)

Seit 1991 vermittelt diese kleine Spezialagentur eine umfangreiche Auswahl an Frachtschiffreisen vorwiegend an Kunden in der Schweiz.

# Weitere Informationsquellen

## OAG Cruise and Ferry Guide

Reed Travel Group
Church Street, Dunstable
Bedfordshire, LU5 4HB
Großbritannien
Tel.: 015 82/60 01 11 · Fax: 015 82/69 52 30
(Ländervorwahl: 00 44)

**Agent in Deutschland:**
OAG
Reed Travel Group (Germany) GmbH
Heerdter Landstraße 193
40549 Düsseldorf
Tel.: 02 11/956 98-0 · Fax: 02 11/50 40 10

Für alle, die bisher mit einem Frachtschiff oder einem Linienschiff fahren wollten, war der ABC Shipping Guide (monatliche Broschüre für Reisebüros) lange Zeit die letzte Rettung. Er war die einzige Veröffentlichung, der man mehrere Monate im voraus Hauptrouten, Preise sowie nähere Angaben über alle Reedereien entnehmen konnte, die Passagierkabinen auf ihren Frachtern anboten. Die Rubrik „Frachtschiffe“ stellte nur einen kleinen Teil dieser Publikation dar. Hauptbestandteil bildeten die Kreuzfahrtschiffe und die Fähren in aller Welt.

Im März 1993 wurde der berühmte ABC Shipping Guide mit seinen Dünndruckblättern eingestellt. An seine Stelle trat eine neue Publikation auf glattgestrichenem Papier, die nur viermal pro Jahr erscheint und sich „OAG Cruise and Ferry Guide“ nennt, ein Titel, der Frachtschiffe auszuschließen scheint. Zweifellos infolge des Booms der Kreuzfahrten befaßt sich der größte Teil der Broschüre mit Passagierschiffen. Er enthält eine detaillierte Aufstellung über Kreuzfahrten zwischen den Inseln, aber auch auf Flüssen, an den Küsten und selbst an Bord großer Segelschiffe.

Darüber hinaus findet man redaktionelle Berichte von Fachleuten, die regelmäßig an Bord der 150 wichtigsten Passagierschiffe der Welt reisen und ihre Ansicht darüber kundtun.

Wie der Titel andeutet, befaßt sich der zweite Teil der Broschüre mit den Fähren. Man findet darin alle erforderlichen Informationen (Abfahrtszeiten, Preise etc.) über die großen und kleinen Fährschiffe in aller Welt, deren Passage manchmal mehrere Tage dauert.

Der Abschnitt „Cargo Passenger Services“ (Passagierdienste auf Frachtschiffen) ist noch vorhanden. Er befindet sich zwischen den Informationen über die Passagierschiffe und den Fähren. Entgegen der früheren Praxis werden die Preise nicht mehr angegeben, was den Informationswert erheblich schmälert.

Diese grundsätzliche Änderung geht zu Lasten des Interessenten. Die Broschüre richtet sich allerdings in erster Linie an Reisebüros und verweist hinsichtlich der praktischen Informationen auf die Spezialagenturen.

In der Tat übernehmen heutzutage Agenturen für Frachtschiffreisen die eigentliche Vermittlung. Sie geben selbst Kataloge heraus und bieten eine wachsende Anzahl von Passagen an.

Trotzdem bleibt der „OAG Cruise and Ferry Guide" eine wahre Fundgrube und ist ein getreuer Spiegel der Passagierschiffahrt, vor allem der Kreuzschiffahrt.

## Le Cargo Club

Librairie Ulysse
26 rue Saint-Louis-en-l Ile
75004 Paris
Frankreich
Tel.: 01/43 25 17 35 · Fax: 01/43 29 52 10
(Ländervorwahl: 00 33)

Gegründet in 1991 von Catherine Domain ist die Bücherrei Ulyssee spezializiert auf Reisen und Kartenmaterial und stellt eine Fundgruppe für Vielreisende und Globetrotter dar.

Die Lage des Cargo Clubs im Herzen von Paris, auf einer Insel mitten in der Seine, ist ideal. Hier treffen Träumer und Abenteurer zusammen, Menschen, die auf große Fahrt gehen möchten und andere, die von einer Reise zurückkehren, um Tips über Frachtschiffe auszutauschen oder über ihre Träume zu berichten. Manchmal stellt dort auch ein Künstler seine Werke aus, die er auf dem Meer geschaffen hat.

Die Treffen finden jeweils am „Tag der Sirenen“ gegen 18 Uhr 30 statt, also am ersten Mittwoch des Monats (an dem mittags die Sirenen heulen).

Eintrittspreis: Jeder bringt einen Aperitif mit.

Kann es einen schöneren Ort geben als eine Bibliothek, um eine Schiffsreise vorzubereiten?

## Ford's Travel Guide

Ford's Travel Guide
19448 Londelius Street
Northridge, California 91324 USA
Tel.: 818/701 74 14
(Ländervorwahl 001)

Die Führer von Ford-Reisen mit Sitz in Kalifornien bestehen seit 1952 und sind auf Seereisen spezialisiert.

Es gibt einen „Ford's Cruise Guide“ für Kreuzfahrten sowie einen „Ford's Deck Plan Guide“ für Reisebüros, in dem die Decks der wichtigsten Passagierschiffe beschrieben werden.

Uns interessiert hier natürlich der „Ford's Freighter Guide“ für Frachtschiffreisen. Er erscheint zweimal jährlich, umfaßt 150 Seiten mit Schwarzweißfotos und Karten und stellt rund 100 Reisen auf Frachtschiffen vor. Ferner sind die Anschriften zahlreicher Spezialagenturen verzeichnet.

Darüber hinaus enthält der Führer die Abschnitte „Waterways of the World“ mit Fluß- und Küstenreisen, „Sports and Casual Cruises“ (Sport- und Freizeit-Kreuzfahrten) sowie „Ferry Travel World Wide“, in dem etliche Fährverbindungen aufgeführt sind.

## Freighter Travel News

Freighter Travel Club of America
3524 Harts Lake Road
Roy WA 98580, USA
Tel.: 360/458 41 78

Eine monatlich erscheinende achtseitige Informationsschrift mit Berichten über Frachtschiffreisen aus den USA.

## Ships Monthly

Waterway Productions
Kottingham House
Dale Street
Burton-on-Trent DE14 3TD
Großbritannien
Tel.: 012 83/56 42 90 · Fax: 012 83/56 10 77
(Ländervorwahl: 00 44)

Diese kleine Monatszeitschrift, die bei Schiffsliebhabern ziemlich bekannt ist, veröffentlicht zahlreiche Informationen sowie aktuelle und alte Fotos von Frachtschiffen aller Art, Passagierschiffen, Fähren, Schulschiffen, Kriegsschiffen etc.

Sie nennt sich selber „Internationales Magazin für Schiffsliebhaber an Land und zur See." In ihr erscheinen regelmäßig Berichte über Frachtschiffreisen, manchmal auch mit ungewöhnlichen Informationen.

# Hafenregister

## A



## B

## C



## D

## E



## F



## G



## H

## I



## J



## K

## L



## M

## N



## O



## P

## Q



## R

## S



## T

## U



## V



## W



## Y



## Z

Die Deutsche Bibliothek – CIP-Einheitsaufnahme

**Verlomme, Hugo:**
Reisen mit dem Frachtschiff : 123 Routen zu 300 Häfen / Hugo Verlomme.
[Aus dem Franz. übers. von Christa L. Cordes]. –
2. überarb. Aufl. – Frankfurt am Main : Umschau, 1997
Einheitssacht.: Le guide des voyages en cargo <dt.>
ISBN 3-524-67090-3


Dritte und zweite überarbeitete deutsche Ausgabe
Aus dem Französischen übersezt von Christa L. Cordes,
Margetshöchheim
Fachliche Beratung für die deutsche Ausgabe:
Hans K. Wagner, Winterthur

Redaktion: Martina Seith-Karow, Offenbach
Buchgestaltung: Peter Lohse, Büttelborn
Herstellung: Karin Kern
Druck und Verarbeitung: Clausen & Bosse, Leck
Printed in Germany



ISBN 3-524-67066-0